VON
ASENHAIN

Karla Moser

Sexualität erleben & leben

Mein Erotikon

Impressum

Lektorat: Stephanie Ebermeyer, Schorndorf
Texte: geistiges Eigentum von Karla Moser, Schorndorf
Motive: Freyja Gräfin von Asenhain, Schorndorf
Bildmaterial: Anhang - Bildnachweise
Herstellung: AnamCaraHaus von Asenhain Verlag
Schorndorf
Umschlaggestaltung: Dr. Claudia Moser, Schorndorf
Bildbearbeitung, Satz und Layout:
Freyja Gräfin von Asenhain, Schorndorf

Alle Angaben und Berichte erfolgten nach besten Kenntnissen und bestem Wissen.
Die Anwendung erfolgt auf eigenes Risiko.
Die Autorin haftet nicht für eine im Buch durchgeführte Anwendung oder Folgen daraus.

ISBN: 978-3-946414-33-9 Paperback
ISBN: 978-3-946414-32-2 Hardcover
ISBN: 978-3-946414-34-6 eBook

Ausgabe April 2021

www.anamcara.haus
Uhlandstraße 90
D 73614 Schorndorf
Telefon: +49 7181 65844
Mobil: +49 152 28601912

Inhaltsverzeichnis

Vorwort

In meiner Ausübung als Heilpraktikerin seit 1979 war Sexualität, Erotik und Liebe in den Gesprächen mit meinen Patienten immer auch ein Thema. Es ist so alt wie die Menschheitsgeschichte. Kein anderes Thema wurde so oft literatisch dargestellt und aufgearbeitet.

Mein Dank gilt meiner Freundin Stephanie, die mich bestärkt hat, dieses Buch zu schreiben. Sie ist der Meinung, dass ich dieses Thema aus meiner naturheilkundlichen und individuellen Sicht darstellen sollte.

Diesem Buch liegt mein Seminar „Erotik & Sexualität“ zugrunde, dass ich aufgrund des vernachlässigten Themas bezüglich der Aufklärung und Gesundheit zwischenmenschlicher Beziehungen im Praxisalltag gestaltet hatte.

Erschreckenderweise stellte und stelle ich noch immer fest, dass darüber nur vereinzelt ausreichendes Wissen vorhanden ist. Für das Zusammenleben ist dies ein entscheidendes Thema.

Ja, man könnte denken: „Jetzt kommt sie auch noch so daher. Was könnte sie mir sagen, was ich nicht schon weiß … oder, was gibt es da überhaupt noch zu wissen?“

Doch ja, ich will dieses Thema noch einmal zum hunderttausendsten Mal aufgreifen und meine Kenntnisse und Wissen in diesem Buch beschreiben.

Zu einer vollkommenen Beziehung gehört die Einheit zwischen Körper – Seele - Geist. Das ist nur möglich, wenn man sich Achtung und Respekt zollt.

Ein Grundsatz, der mich mein Leben lang schon begleitet ist: “Das was du nicht willst, was man dir tut, füge auch keinem anderen zu.“ Dies ist ganz besonders hier, bei dem jetzigen Thema, zu beachten. Es geht um Grenzen und Tabus, die zu respektieren und zu beachten sind.

Jetzt wünsche ich meinen Leserinnen und Lesern ein interessantes und spannendes Lesen und den Zugewinn von Wissen, Erkenntnissen und dann – hoffentlich – auch die Erfahrung und letztendlich auch die Umsetzung zur Freude und Glück.

Karla Moser
Schorndorf, 5. April 2021

Widmung

Ich widme dieses Buch meinen Freundinnen und Freunden, Verwandten, Bekannten und besonders auch Patienten und sonstigen Personen, die Freude am bewussten Umgang mit zwischenmenschlichen Beziehungen haben bzw. haben möchten.

Man will nicht immer große Wälzer und Nachschlagewerke durchforsten, um das Nötigste zu wissen über Liebe, Erotik & Sexualität.

Mit ein paar Gedichten habe ich den Inhalt zusätzlich gewürzt. Ich wünsche viel Spaß und Freude beim Lesen und natürlich auch beim Ausprobieren.

Das Thema

In meinem Praxisalltag stelle ich immer wieder fest, dass dieses Thema allgemein keine Bedeutung in der alltäglichen Therapie darstellt.

Sexualität ist ein menschliches Urbedürfnis und wird in unserer Zeit oft nur gestreift und sehr oberflächlich behandelt. Nimmt man das Thema mal als Gesprächsstoff auf, wundert man sich, wie groß das Bedürfnis ist, darüber zu sprechen, mehr darüber zu wissen und zu erfahren.

Worin besteht der Unterschied zwischen Sexualität, Erotik und Liebe, wo ergänzen sie sich? Sind sie zwangsweise miteinander verbunden? Kann das eine oder das andere für sich erlebt bzw. gelebt werden?

- Was ist Sexualität
- Was ist Erotik
- Was ist Liebe

Ich mache Mut, neue Wege zu beschreiten, zu probieren und experimentieren, Fantasien auszuleben, Grenzen und Abgrenzungen wahrzunehmen, zu erforschen und eventuell auch zu erweitern und auszutesten.

Hemmungen und falsche Scham sollten abgebaut bzw. abgelegt werden. Erfahrungsgemäß verbessert dies die zwischenmenschlichen Beziehungen und Bedürfnisse und führt dadurch zu mehr Verständnis, Toleranz und Lebensqualität.

In diesem Buch behandle ich dieses Thema frei und ungezwungen. Zeige auf, dass Liebe, Erotik und Sexualität bewusst in den Alltag integriert werden können. Der Leser erfährt eine Bandbreite von Möglichkeiten, wie er Liebe, Erotik und Sexualität erleben und ausleben kann.

Den größten Teil dieses Buches nimmt die Sexualität ein.

Liebe ist der spirituelle Anteil einer Beziehung, wobei Liebe nicht an eine Beziehung gebunden ist, denn sie ist universell.

Erotik ist vorhanden, wenn die Sexualität auch anziehend auf den Partner wirkt. Das ist das, was die Spannung, das Knistern und auch das Bauchkribbeln ausmacht. Erotik braucht nicht zwangsläufig die Sexualität als Akt.

Sexualität ist ein Urtrieb, so wichtig wie Essen und Trinken. Dazu braucht man weder die Liebe noch die Erotik.

Somit kann ich folgendes gegenüber stellen und gleichsetzen (in den einzelnen Kapiteln extra erwähnt):

Körper – Sexualität
Seele – Erotik
Geist – Liebe

Sexualität kann allein das Bedürfnis und den Trieb befriedigen. Dieser Trieb, der für die Fortpflanzung und den Fortbestand der Menschheit in uns genbedingt vorhanden ist.

Sexualität kann gewalttätig und rücksichtslos, beherrschend und bestimmend sein ohne Einverständnis des anderen.

In diesem Buch sind die unterschiedlichsten Sexualpraktiken beschrieben. Auf den einen wirken sie erotisierend und anreizend, einen anderen macht es neugierig oder wirkt erschreckend und wieder einen anderen ekelt es einfach an.

Alles, was beschrieben ist, existiert und wird von den meisten Menschen mit Freude betrieben. Nichts ist verwerflich, wenn es mit Einverständnis der Beteiligten geschieht.

Frauen und Männer können reine Sexobjekte sein. Doch wenn wirklich ein schöner und erfüllter Sex für beide Seiten stattfindet, ist immer auch Erotik dabei und im Idelfall auch noch Liebe.

Liebe

Erfahrungsgemäß wissen die allerwenigsten Menschen, was wirklich Liebe bedeutet bzw. ist.

- Liebe ist geschlechtslos
- Liebe ist selbstlos
- Liebe ist losgelöst
- Liebe ist verbindlich
- Liebe ist verstehend
- Liebe ist verzeihend
- Liebe ist unendlich
- Liebe ist universell
- Liebe ist spirituell
- Liebe ist überall
- Liebe ist Licht und Leben

- Liebe ist, den Willen des anderen zu akzeptieren, respektieren und zu achten und diesen leben zu lassen, auch dann, wenn die Entscheidung seines Willens für ihn selbst schmerzhaft sein sollte.

Das Wort Liebe oder das, was unter Liebe verstanden wird, wird tagtäglich gebraucht und auch „missbraucht“. Missbraucht insofern, dass man sich damit Zuwendung „erschleicht“ und sich die Sympathie des begehrten Objekts sichern will.

Unter Liebe werden die zwischenmenschlichen Beziehungen verstanden, die voller Achtung und Respekt gelebt werden. Eine gute Beziehung wird durch die Liebe getragen.

Diese besonderen Partnerschaften konnte ich bisher nur selten in meiner Praxis beobachten. Solche Partnerschaften sind ein großes Glück, sozusagen „ein Sechser im Lotto“.

Wenn wir wachsam sind, können wir tatsächlich Liebe tagtäglich und überall feststellen.

Wie viel Freude, Fröhlichkeit und Glück empfunden wird und entsteht, wenn wir der Liebe begegnen und selbst auch lieben.

Wenn Menschen lieben, haben sie eine wunderbare Ausstrahlung. Alles um sie herum wird weicher, liebevoller, verständnisvoller und konsequenter. Sie werden positiv von anderen Menschen wahrgenommen. Ihre Nähe wird gesucht.

Meine Tochter und ich hatten vor Jahren beide einen Hund. Oft dachte ich, dass man von ihnen lernen kann, was Liebe ist, was Liebe bedeutet.

Hunden ist es egal, ob du dick oder dünn bist, groß oder klein, schön oder hässlich. Wenn sie etwas für uns tun, dann ohne eine Erwartung zu haben oder eine Gegenleistung zu erwarten. Nur das Verhältnis zwischen Mensch und Tier ist wichtig. Sie lieben ausschließlich und bedingungslos.

Liebe ist nicht verletztend. Liebe tut auch nicht weh. Es sollte unterschieden werden zwischen Liebe, den Gefühlen und Emotionen dem „geliebten“ Menschen gegenüber.

Liebe macht den Menschen ausgeglichen und harmonisch.

Die Freude darüber, dass es allen Menschen, besonders denen, die uns nahe stehen, gut geht, macht den Liebenden glücklich.

Gefühle wie Neid, Eifersucht, Besitzergreifung, Egoismus, auf Kosten anderer leben, sind einem liebenden Menschen fremd.

Immer wieder stelle ich fest, dass bei einer Partnertrennung der „Zurückgebliebene“ erfüllt ist von Unverzeihlichkeit, Hass, Schuldzuweisungen und Rache. Es wird dem ehemaligen Partner nicht gegönnt, dass er einen anderen Weg eingeschlagen hat. Dass es ihm jetzt besser geht und dass er glücklicher ist. Und es spielt keine Rolle, ob mit oder ohne einer neuen Partnerschaft.

Man kann dem Partner, der gegangen ist nicht verzeihen, weil man ihn so „geliebt“ hat.

Das ist genau keine Liebe. Hier zeigt sich der Egoismus und ein Besitzergreifen. Er gehört mir bzw. zu mir. Es kann nicht akzeptiert werden, dass er diese Entscheidung für sich getroffen hat. Es wird ihm nicht gegönnt.

Wenn man liebt, trauert man nicht um einen Menschen, der gegangen ist, sondern ist dankbar für die Zeit, die man mit ihm verbracht hatte.

Den Schmerz, den wir empfinden, bezieht sich auf das „Gernhaben“, auf eine wundervoll gelebte Beziehung, Erlebnisse und Erinnerungen. Diese fehlen uns jetzt und hinterlassen eine gewisse Leere. Es dauert eine Weile, bis sich diese Leere wieder gefüllt hat. Lieben wir, geht es schneller.

Auch „schlechte“ Partnerschaften hinterlassen diese Leere. Doch hier ist Wut und Zorn vorhanden über die „vergeudete“ Zeit.

Es liegt jetzt an uns, unser Leben wieder in die Hand zu nehmen, zu achten und zu respektieren, dass der andere ging und uns jetzt wieder unserer eigenen Zukunft widmen.

Doch wirkliche Liebe endet nicht mit dem Tod. Das Schicksal des von uns gegangenen Partners wird akzeptiert.

Wir sollten uns darüber im Klaren sein, dass wir nur wegen uns selbst auf dieser Welt leben. Wir leben nur unser Leben und wir sterben auch nur unseren Tod. Was dazwischen ist haben wir uns zur Aufgabe gemacht. Wir sind es, die das bestimmen.

Wenn wir so bewusst leben, dann können wir auch lieben, nämlich nach dem Grundsatz: Lieben ist nur möglich, wenn man sich selbst zuerst liebt und dann die anderen.

Ein Gedicht zum Thema Liebe:

Kontakt

Er sah sie. Sie sah ihn.
Sie sahen sich an. Er lächelte. Sie lächelte.

Sie waren sich zum Greifen nahe.
Und sie griffen sich. Tasteten sich ab. Schon
liebkosten sie. Mit den Augen.

Keine zwei Meter voneinander entfernt.
Einmetersechsundsiebzig.
Das kann sehr nahe sein.
Sie sagten nichts.
Also gab es keine Worte zum Tausch.
Sie tauschten Gedanken oder bündelten sie.

Sein Puls schlug schnell, schneller.
Sie schaute ihm klar ins Gesicht,
direkt, frontal.
Er parierte diesen Blick, diese Blicke.

Er konnte sehen, wie sie atmete;
gezwungen ruhig,
sicherlich deshalb tiefer als sonst.

Er sah, wie sie - unbewusst nahm er an -
mit der Zungenspitze ihre Lippen befeuchtete.
Wie sie sich mit der rechten Hand über das
Haar strich.

Sie sah, wie er - unbewusst dachte sie –
etwas fahrig mit der Linken über Mund und
Kinn fuhr.
Wie er an seinen Hemdkragen faßte.

Sie hielten sich fest. Mit den Augen.
Er wollte ihren Blick aushalten.
Sie ließ ihn keinen Moment aus ihren Augen.

Nichts zwischen ihnen, außer den
Einmetersechsundsiebzig
und zwei Scheiben dicken Glases.

Drei Minuten dies alles.
Dann verschob sich die Perspektive.
Langsam, unerbittlich, verzerrend, zerstörend.

Der Zug, in dem sie saß, fuhr weiter.
Sie wandte ihren Kopf weiterhin zu ihm,
bis man sich nicht mehr sehen konnte.

Er wollte winken, hob jedoch die Hand nur bis
zur Höhe seines Kopfes.
Warum sollte seine Frau, die neben ihm saß,
wissen, dass er nun eine andere liebte?

Erotik

Erotik kann mit der Liebe und Sexualität erlebt und erfahren werden. Erotik ist eine geheimnisvolle und positive Spannung zwischen den Partner in einer zwischenmenschlichen Beziehung.

Erotik macht alles aus, was zu einer Beziehung gehört. Es ist die Anziehungkraft, die man ausstrahlt und die Partner wahrnehmen. Der Inbegriff seelisch-berührender Momente für eine Partnerbeziehung.

Zu Beginn einer Beziehung sind Erotik und Sexualität aufregend, sinnlich, außergewöhnlich und magisch.

Erotik und Sexualität lassen jedoch nach einer Weile nach und verlangen nach Erneuerung. Nur in wenigen Beziehungen hält dieser Zustand jahrzehntelang an.

Erotik und Sexualität wird mit Zuneigung verbunden. Fällt die Sexualität weg, verblasst in den meisten Fällen auch die Erotik.

Wenn die Beziehung in Ordnung ist, gibt die Liebe, wenn vorhanden, den Ausschlag für den weiteren Fortbestand einer Beziehung. In diesem Fall könnte sich Liebe mit Erotik wieder miteinander verbinden.

Wenn das Thema Sexualität behandelt wird, spielt fast immer auch Erotik eine Rolle. Und dies deshalb, weil sonst überwiegend keine Sexualität stattfinden würde.

Dieses Thema verbindet sich demzufolge mit dem nachfolgenden, der Sexualität.

Sexualität

Kleiner Rat
gewidmet allen Frauen

Verlauf dich nicht, wenn du jetzt gehst,
nur weil du jetzt auf wilde Männer stehst.

Verbieg dich nicht, nur weil du gut sein willst,
es sollte schmecken, wenn du deinen Hunger
stillst.

Verschluck dich nicht an all den süßen Sachen,
sie könnten dir das Paradies zur Hölle machen.

Verlier dich nicht im Dschungel der Gelüste,
nicht jeder Weg führt auch an deine Küste.

Vergiss dich nicht - und wenn - dann achte drauf,
dass keiner da ist, der nur sagt, er hebt dich auf.

Verlieb dich nicht in einen, der dich schlägt,
weil sich der gute Sex mit Liebe schlecht verträgt.

Verkauf dich nicht, zu keinem Preis der Welt,
was du zu bieten hast, bezahlt man nicht mit Geld.

Verschenk dich nicht - und wenn - dann sieh genau - in meine Augen,
denn die sind nur manchmal blau.

Man spricht von der Sexualität auch von Geschlechtlichkeit. Das sind alle Triebregungen und Erlebnisse, die mit dem Lustgewinn aus den Geschlechtsorganen zusammenhängen.

Nach Freud ist dies im weiteren Sinne jede Art von Lustgewinn aus bestimmten, sogenannten „erogenen“ Körperzonen: Genitalien, Brüste, Mundschleimhaut.

Die Sexualität unterliegt unseren Grundbedürfnissen und ist ein Selbsterhaltungstrieb. Dazu gehören:

- Nahrungsaufnahme (Essen und Trinken)
- Wach-Schlaf-Rhythmus
- Fortpflangzungstrieb
- Machttrieb
- Geschlechtstrieb

Da Erotik und Sexualität allgemein zusammen erlebt werden, sind die Grenzen in dem Kapitel Sexualität verwischt.

Reine sexuelle Handlung findet nur bei Vergewaltigung statt, Sex ohne Einverständnis oder Solotripp (Selbstbefriedigung). Es ist eine Handlung zum Abreagieren des Triebes als reiner Lustgewinn.

Ein sexuell interessanter Partner wird nicht nur an seinem perfekten Körper, nicht an äußerer Schönheit, sondern an der Ausstrahlung und Ausdruck der Sinnlichkeit (Erotik) gemessen.

Annäherungen finden statt, wenn man durch die Körpersprache zeigt, dass man interessiert ist. Man zeigt, dass der andere begehrends ist und man Sex mit ihm möchte. Man ist sich besonderen Stimmung des Augenblicks bewusst.

Der Partner reagiert nicht auf das perfekte Äußere, sondern wie wir uns ihm zuwenden. Wichtig ist in diesem Moment bei ihm zu sein mit unserer Seele, Geist und Körper, um gemeinsam zu erleben und zu genießen.

Natürliche Bewegungen, kein „zur Schau stellen", machen dem Partner den Wunsch nach Sex mit ihm deutlich.

Sinnlichkeit drückt sich so aus:

- Klang der Stimme
- Blick
- eine Geste
- Rhythmus der Bewegung
- Mimik
- Lachen oder wie die Gabel zum Mund geführt wird
- Neigung des Kopfes
- Zurechtrücken einer Frisur usw.

Auf jeden Menschen wirkt die Sinnlichkeit anders. Deswegen findet jeder Topf seinen Deckel, jedes Männchen sein Weibchen oder auch Frau-Frau, Mann-Mann.

Sinnlichkeit der Umgebung drückt sich an beliebten Orten aus, an denen wir uns bewusst und/oder spontan, bewegen.

Bedeutend ist, in Liebesdingen Kreativität und Fantasie zu entwickeln, um das Liebesleben abwechslungsreich, spannend und besonders erotisch zu gestalten. Dazu gehören immer wieder Ortswechsel, das Wahrnehmen der sich bietenden Gelegenheiten und das „sich Raum“ schaffen.

Die Lustempfindung wird von den unterschiedlichen Geschlechtern anderes wahrgenommen.

Die Frau: Je seltener ein Orgasmus, um so weniger tritt das Verlangen danach wieder auf. Je häufiger ein Orgasmus empfunden wird, um so größer ist wieder der Wunsch danach.

Der Mann: Je größer der Abstand, um so drängender wird der Wunsch nach Wiederholung.

Auch von der Frau und vom Mann wird die Sexualität unterschiedlich wahrgenommen. Die An- und Erregung und Steigerung der Gefühle erfährt der Mann eher visuell und seiner eigenen-Lustempfindung.

Bei der Frau wird die Sexualität primär durch die Empfindung wahrgenommen und dann visuell.

Männer wollen den Geschlechtsakt als solches sehend genießen, und natürlich auch über ihre eigenen gesteigerten Lustgefühle. Sie steigern ihre Erregung mit der visuellen Wahrnehmung des Partners.

Frauen schließen allgemein eher die Augen während des Aktes. Sie neigen auch dazu, das Licht aus zu machen. Das bedeutet jedoch nicht, dass die Frauen nicht auch einen erheblichen Lustgewinn dadurch haben, den Partner während des Aktes intensiv zu beobachten.

Erogene Zonen

Die am stärksten bei der Frau ausgeprägten erogenen Zonen sind:

Primär: Der Mund, die Lippen, die Brüste, besonders Brustwarzen (Papillen), der Kitzler, die Vagina und der Anus.

Sekundär: Überall da, wo die Haut etwas dünner ist, z.B. Schenkelinnenseiten, Leisten, Oberarminnenseite.

Stimulierungen dieser Bereiche oder Körperstellen werden als sehr angenehm und schön empfunden. Sie erregen und steigern die sexuelle Lust bis zum Orgasmus.

Die Zonen sind örtlich abgegrenzt und nicht bei jeder Frau gleich. Deshalb macht es um so mehr Spaß, diese ausfindig zu machen. Fast jede Frau ist an den Brüsten und den Papillen überaus empfindlich.

Die am stärksten ausgeprägten erogenen Zonen beim Mann sind:

Primär: Der Mund, die Lippen, das Glied, die Hoden, der Damm, der Anus und auch Brüste, besonders Brustwarzen (Papillen). Nicht jeder Mann ist hier sensibel. Oft wissen sie es selbst nicht, weil sie nicht im Traum daran gedacht haben, dass es nicht nur die Frauen sind, die hier empfindlich sind. Diese Empfindlichkeit trifft bei fast allen Männern zu.

Sekundär: Überall da, wo die Haut etwas dünner ist, z.B. Schenkelinnenseiten, Leisten, Oberarminnenseite.

Stimulierungen dieser Bereiche oder Körperstellen empfindet der Mann als angenehm, schön und erregend. Auch hier sind die Zonen örtlich abgegrenzt und nicht bei jedem gleich.

Erkundungen der Körperlandschaften machen außerordentlich Vergnügen und bereichern das Liebesspiel.

Orgasmus

Ein Orgasmus ist der Höhepunkt während des Geschlechtsaktes. Die Körpersäfte vermischen sich.

Bei Frauen ist ein paar mal hintereinander erlebter Orgasmus häufiger möglich als beim Mann.

Der Mann braucht eine gewisse Erholungsphase, die mehr oder weniger lang sein kann, um wieder zu einer Erektion oder zum Organmus (Ejakulation) zu gelangen. Ejakulation ist das Abspritzen des Samens während des Orgasmus.

Es muss nicht sein, dass beide Partner gleichzeitig einen Orgasmus haben. Früher wurde dies angestrebt.

Der Orgasmus einer Frau ist nicht vom vaginalen bzw. genitalen Geschlechtsverkehr abhängig.

Lusterzeugende Variationen sind:

- Reizung der Brüste und Papillen
- Reizung des Klitoris (Kitzlers)
- Reizung der Vagina bzw. des Anus durch verschiedene Techniken.

Fehlender Orgasmus hängt oft mit falscher Vorstellung des Orgasmusempfindens zusammen. Oft sind es Frauen, die darauf achten, dass SIE unbedingt einen Orgasmus haben wollen und verkrampfen sich.

Die Fixierung auf das eigene Geschlecht verhindert die Empfindung, das Loslassen und somit auch den Orgasmus. Aufgrund des sich darauf Versteifens, unbedingt einen Orgasmus zu bekommen, gelingt dies nicht. Sie beklagen sich darüber, dass sie noch niemals einen Orgasmus erlebt haben.

Diese Frauen sollten sich mehr auf den Partner konzentrieren, um diesem Lust zu verschaffen. Hat dieser einen Orgasmus, führt das auch zu einer Befriedigung und dem größtmöglichen Lustgefühl bei der Frau. Es kann dann durchaus zu einem richtig erlebten oder auch mentalen Orgasmus kommen. Beides ist sehr befriedigend.

Der Orgasmus des Mannes zeigt sich eindeutig in erster Linie durch die Ejakulation bzw. herausspritzen der Samenflüssigkeit. Sein Orgasmus ist nicht vom Geschlechtsverkehr abhängig.

Lusterzeugende Variationen sind:

- Reizung der Brüste und Papillen
- Reizung des Gliedes und der Hoden
- Reizung des Dammes bzw. des Anus durch verschiedene Techniken.

Da ein großer Teil der Männer an den Brüsten und Papillen sehr empfindlich ist, können sie auch durch Massage, reiben, drehen, ziehen, saugen, zusammenpressen u.a. erregt und gereizt werden.

Beziehung

Eine Beziehung besteht, wenn wir mit einem Menschen Sex haben.

Es ist egal, ob sich die Beziehung als langsame, romantische, rasche oder leidenschaftliche Begegnung zeigt. In dem Augenblick, in dem wir uns auf eine sexuelle Handlung mit einem anderen Menschen einlassen, haben wir mir diesem Menschen eine intime Beziehung. Oder .... eine Beziehung besteht auch, wie nachfolgend beschrieben.

Rache

Ich hasse diesen Mann!
Seine Gewinnsucht,
seine Cleverness,
seine unruhigen Augen!
Ich verabscheue
seine dummen Witze,
sein Rasierwasser,
seine Art sich zu kleiden.

Ich finde widerlich,
wie er isst,
wie er renommiert,
wie er rechnet.

Ich mag ihn nicht,
weil er unaufrichtig ist,
weil er aufschneidet,
weil er grob ist.

Ich werde diesen Mann vernichten!!!
Morgen werden wir getraut!!!

Sexuelle Spiele

Um ein sexuelles Liebesspiel zu erleben ist ein sexueller Reiz, der auf Gegenseitigkeit beruht, Voraussetzung.

Nicht nur sexuelle Begierden sind Ausdruck einer Annäherung, sondern in erster Linie die Attraktivität und erotische Ausstrahlung. Im späteren Verlauf kann sich dann Liebe dazu gesellen.

Die Übereinstimmung im Psychischen und Physischen verbessert eine partnerschaftliche Beziehung. Dadurch wird diese aufgewertet. Daraus kann letztendlich eine harmonische Beziehung entstehen, die dann als „Sechser im Lotto“ empfunden wird.

Das „Liebesspiel“ hat mit sexuellen Praktiken nichts gemein, hat diese jedoch natürlicherweise meistens zur Folge.

Wenn nicht die möglicherweise auftretenden Folgen eines Liebesspiels akzeptiert werden, beginnt man erst gar nicht damit. Man sollte den Partner nicht „anheizen“. Durch die nicht im voraus abzuschätzende Reaktion des erst angeheizten, dann abgelehnten Partners kann es zu unliebsamen Überraschungen kommen.

Meist wird dann nach einem anderen Partner gesucht, der die verloren gegangenen Gefühle wieder lebendig werden lässt. Dann beginnt das Spiel wieder von neuem,

Die Enttäuschung darf nicht auf eine andere Beziehung übertragen werden, sonst ist diese zum Scheitern verurteilt.

Wir müssen aktiv etwas für unser Sexualleben tun um zu verhindern, dass uns der Alltag die Freude am sexuellen Austausch nimmt.

Sexuelles Verlangen wird meist mit Liebe verwechselt. Beides zusammen ist ein wundervolles Erleben. Es kann jedoch sowohl das eine als auch das andere getrennt erlebt werden.

Partnerschaft

Im Laufe der Jahrzehnte tauchten immer wieder die Fragen auf:

Gibt es einen dauerhaft guten Sex in einer festen Partnerschaft?

Ja, das gibt es, doch es gehört Fantasie, Abwechslung, Neugier, Kreativität, Lust am anderen und sich selbst und die Freude am Sex überhaupt dazu.

Ist guter Sex möglich und mit einer tiefen und dauerhafter Liebe vereinbar?

Ja, wenn man sich nicht überwiegend mit den eigenen Bedürfnissen beschäftigt, sondern dem Partner seine ganze Aufmerksamkeit während des sexuellen Austauschs schenkt.

Ist eine tiefe und dauerhafte Liebe überhaupt möglich ohne eine glückliche sexuelle Partnerbeziehung?

Wenn die Partnerschaft schon längere Zeit besteht, verschiebt sich das Verhältnis. Sexualität wird dann als Ergänzung einer harmonischen Partnerschaft praktiziert, nimmt jedoch nicht mehr den größten Raum ein. Die Beziehung verschiebt sich in Richtung Freundschaft und

Liebe. Dann ist die Freundschaft und Liebe in der Beziehung vorherrschend.

Mir sind Fälle von erotischen Beziehungen bekannt, in der der Mann durch Medikamente oder durch einen Unfall impotent geworden ist. Trotzdem konnte er Erotik und Sexualität erleben. Sicherlich können Frauen, die mit so einem Partner zusammen sind, mehr darüber berichten.

Hier findet die Sexualität mental statt, das heißt, der Sex spielt sich in seinem Kopf ab.

Allein durch das Vergnügen, seine Liebste zu verwöhnen und zu befriedigen, kann er ihren Orgasmus genießen und mental einen bei sich auslösen. Eine harmonische Zufriedenheit verbindet beide Seiten nach diesem Erlebnis.

Fazit: Eine gute sexuelle Beziehung zum Partner ist die Grundlage für eine dauerhafte und glückliche Beziehung, wenn das Interesse für Erotik und vor allem Liebe zum Partner vorhanden ist.

Selbsterkenntnis

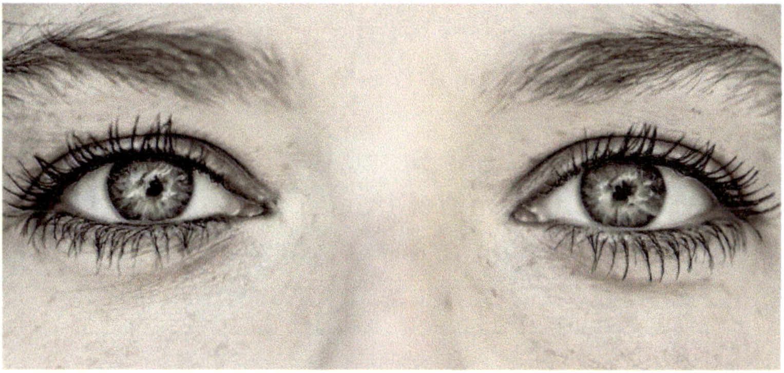

Zuerst sollte man sein eigenes Ego erforschen, wenn man beginnt, sich mit Sexualität zu beschäftigen. Was weiß ich schon, was will ich erfahren und erleben, wie, mit wem und wann. Welche Wünsche habe ich und möchte sie mir erfüllen.

In der Selbsterkenntnis erfährt man seine Erbanlagen, Kultur, soziales Umfeld, Intellekt, Erziehung, Neigungen, Wünsche, Informationen, Vorstellung und sexuellen Erfahrungen.

Wir wissen oft gar nicht, wie wir den Sex erleben wollen, weil wir durch eigene Erfahrungen und sozialem Umfeld in unseren Vorstellungen gefangen sind.

Wünsche

Sich über die eigenen Wünsche in der Sexualitätklar zu werden lässt auf schönes Erleben hoffen.

Um sein persönliches Sexualverhalten mit seinen Wünschen und Vorstellungen richtig kennen zu lernen, sollten wir uns darüber Gedanken machen und diese am besten notieren.

Auch bewusstt machen, was wir bisher verdrängt haben, weil wir dachten, dass sie vielleicht absurd sind, ungewöhnlich oder gar pervers. Sich selbst sein. Nichts verdrängen, verschleiern, verwischen. Alles, aber auch alles von sich preisgeben sich selbst gegenüber.

Dazu gehören die geheimsten Wünsche und Vorstellungen. Wir sollten alles über uns selbst erfahren, unsere Scham, Schulgefühle und Ängste, Gefühle und Empfindungen, Abneigungen, auch die, die mit Erregung verbunden sind.

Danach kann die Notiz vernichtet werden. Egal, was man mit seinen Wünschen dann tut, man tut es nur für sich ganz allein. Eventuell die Liste über Tage führen, immer wieder überprüfen, fokusieren.

Nur durch ausloten der Grenzen bei sich und dann dem Partner können wir unsere Wünsche und Vorstellungen verwirklichen und neue Erfahrungen gewinnen, die uns in nie geahnte Gefilde vordringen lassen.

Wunscherfüllung

Jetzt kann ich an einer Wunscherfüllung arbeiten, denn ich weiß, was ich möchte und ganz wichtig: Was möchte ich nicht.

Priorität hat ein Partner, der all die geheimen Wünsche und Vorstellungen ohne Scham und Hemmungen langsam, nach und nach, verwirklicht. Einen Partner finden und erleben, der die Grenzen auslotet, bis dahin geht oder auch darüber bis an den Rand von Tabus.

Wenn es keine Einschränkungen mehr gibt, keine Scham, keine Verletzungen, Angst usw., kann man an der Umsetzung seiner Wünsche mit dem Partner arbeiten. Mit ihm ausprobieren, Grenzen ausloten, immer ein bisschen weiter, immer ein bisschen mehr, so wie es beide mögen.

Verhütung

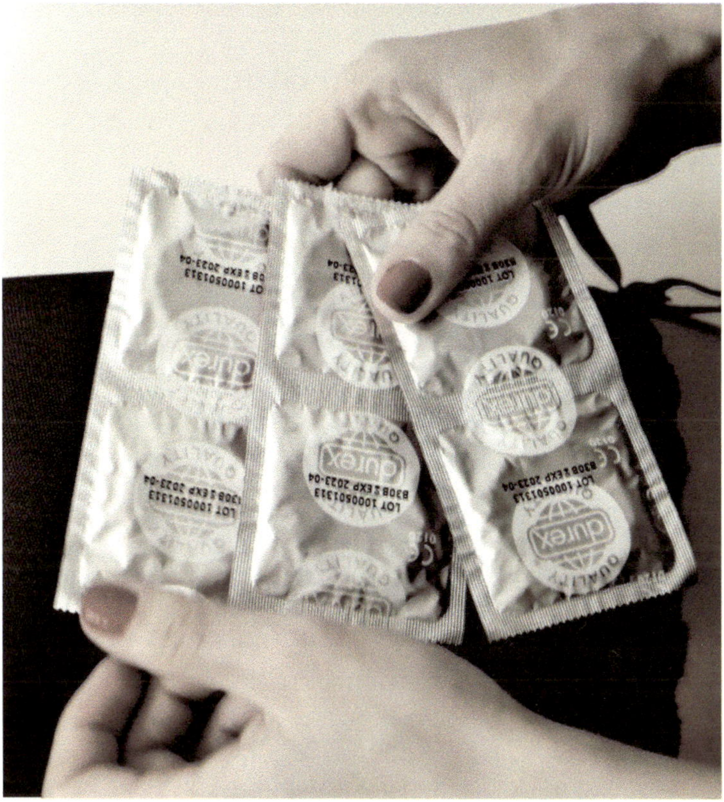

Eine große Frage steht immer im Raum: Wie verhüte ich, welche Möglichkeiten habe ich und welche Methode ist sicher?

Allerdings ist nicht jede Methode für jeden geeignet.

Außer den natürliche Verhütungsmethoden kommen oftmals nur chemische Verhütungsmethoden in Frage.

Natürliche Verhütungsmethoden:

- Analer oder oraler Sex
- manueller Sex
- Knaus-Ogino-Methode
- Temperaturmessung
- Schleimstrukturmethode nach Billings
- Persona-Computer
- Koitus interruptus
- Karezza
- Kondome

Analer Sex ist relativ sicher. Es kann jedoch passieren, dass die Samenflüssigkeit beim Verlassen noch in die Vagina eindringen kann.

Der orale Sex ist so sicher wie der manuelle Sex, denn die Samenflüssigkeit ist weit weg vom Eindringen in die Vagina.

Mit der Knaus-Ogino-Rechenmethode haben wir eine unsichere Verhütungsmethode an der Hand, passend jedoch für eine Familienplanung. Es sollte ein prinzipieller Kinderwunsch bestehen.

Temperaturmessung ist relativ sicher, wenn die Frau regelmäßig ihre Menstruation bekommt.

Bei der Schleimstrukturmethode nach Billings handelt es sich um eine Schleimhautentnahme der Scheidenflora. Ich kenne niemanden, der diese Methode angewandt hat. Sie ist umständlich und aufwendig.

Persona-Computer ist eine moderne Methode, die heute oft eingesetzt wird und unter den anderen Verhütungsmethoden immer mehr Raum einnimmt.

Der Koitus interruptus ist unsicher, da durch den Vorlauf der Prostataflüssigkeit schon etwas Samen in die Vagina gelangen kann.

Karezza ist allgemein nicht bekannt und wird nur noch selten praktiziert, da die heutigen Verhütungsmittel sicherer sind und phyisch und psychisch nicht so belastbar.

Es ist Sex ohne ein Orgasmus. Karezza bringt sexuelle Energie zum Fließen. Es ermöglicht eine emotionale Verbindung, die unter Umständen auch eine Beziehung retten kann.

Die am meisten praktizierteste Methode ist der Einsatz von Kondomen.

Hier ist besonders auf eine gute Qualität zu achten. Keine Kondome aus China oder Korea wegen Qualitätsmangel nehmen. Vorsichtig bei Kondomneuheiten. Sie dienen oft nicht zum Schutz gegen Geschlechtskrankheiten bzw. gegen Schwangerschaften.

Kondome können beschädigt werden durch falsche Handhabung und falsche Gleitmitttel.

1. Das Aufreißen der Kondomverpackung durch die Zähne kann zu einer Beschädigung des Kondoms führen.
2. Das Verwenden eines ölhaltigen Gleitmittels zerstört das Kondommaterial. Gleitmittel auf Wasserbasis sind deshalb in diesem Fall die richtige Wahl.

Das Überziehen eines Kondomes kann in ein Spiel eingebunden werden, Die Partnerin ist dann aktiv an diesem Prozess beteiligt.

Kein Kondom mit Spermiziden verwenden! Nonoxynol-9-haltige Kondome sollen unerwünschte Schwangerschaften verhindern. Sie reduzieren nicht das Risiko sexuell übertragbater Krankheiten.

Nonoxynol-9 verursacht chronische Scheiden- und/oder Blaseninfektionen. Es ist in einigen Crems, Gels, Gleitmitteln und auf Kondomen enthalten.

Hormonelle: Anti-Baby-Pille, Implanon, Ein-drei Monatsspritze, Vaginalring, Hormonpflaster.

Barrieremethoden: Diaphragma oder Scheidenpesar.

Chemisch: Zäpfchen, Sprays, Gels, Spirale, Sterilisation beim Mann/Frau.

Danach: Pille, Spirale, Abtreibung durch Pille bzw. eine OP.

Die Verhütungsmethoden sind nur so sicher, wie die Anwendung sicher ist. Keine dieser Methoden schützt uns vor einer Geschlechtskrankheit oder übertragbaren Krankheit durch das Geschlecht.

Safer Sex

Jede neue Beziehung die wir eingehen, sollte geschützt sein! Ein Partner, der auf gar keinen Fall sich und seine Partnerin schützen will, ist ziemlich rücksichtslos und sollte abgelehnt werden.

Auf so eine Partnerschaft sollte man sich nicht einlassen, denn gerade hier kann die Gefahr einer Ansteckung durch eine Geschlechtskrankheit bestehen.

Sex ohne Respekt und Achtung uns selbst und dem Partner gegenüber ist falsch und unverantwortlich! Er ist außerdem falsch und unverantwortlich, wenn er ohne Verständnis der möglichen Konsequenzen praktiziert wird.

Zuerst müssen wir an die übertragbaren Geschlechtskrankheiten denken, allen voran AIDS. AIDS ist eine unter Umständen tödliche Erkrankung und nimmt dem Betroffenen oft alle Hoffnung, Würde und Lebensqualität. AIDS ist seit 1981 bekannt. Zu Beginn des Auftretens war zuerst nur in der homosexuellen Szene beheimatet.

Wenn wir uns nicht um unsere eigene Sicherheit kümmern, wer sollte es sonst tun?

Normalerweise sollte eine gewisse Wartezeit eingehalten werden, bevor man sich sexuell auf einen neuen Partner einlässt. Durch eine Blutuntersuchung kann sicher gestellt werden, dass keine Geschlechtskrankheit vorhanden und übertragen werden kann.

Ich habe in den letzten zwei Jahrzehnten festgestellt, dass Wartezeiten nicht mehr eingehalten werden und dass Vorsicht nicht mehr geboten ist. Die Angst einer Übertragung von Geschlechtskrankheiten in den 80er Jahren und vor AIDS ist verschwunden.

Die am häufigsten, außer der Pille, angewandte Verhütungsmethode ist das Kondom. Damit sind wir vor übertragbaren Krankheiten, auch Geschlechtskrankheiten, geschützt und natürlich auch vor unerwünschten Schwangerschaften, wenn man noch in einem gebährfähigen Alter ist.

Kondome sind zwar sehr sicher, jedoch nicht so sicher wie die Pille oder eine Spirale, um eine Schwangerschaft zu vermeiden.

Die Größe eines Kondoms sollte passend sein. Zusätzlich können kondomfreundiche Kosmetika und Gleitmittel das Überziehen erleichtern.

Trotz der relativen Sicherheit, die Kondome bieten sollten Frauen, die bereits in den Wechseljahren sind, vorsichtig sein. Es könnte in wenigen Ausnahmen immer noch passieren, dass eine unerwünschte Befruchtung stattfindet.

Salben werden allgemein in unserer heutigen Zeit nicht mehr zur Verhütung genommen.

Gleitmittel

Die Anwendung und der Gebrauch von Gleitmitteln (Wasserbasis) kommt früher oder später zum Einsatz. Ein Gleitmittel sollte immer griffbereit vorhanden sein. Die Anwendung erfolgt bei

- Trockenheit der Scheide (Östrogenmangel nach den Wechseljahren)
- Kondome
- Sexspielzeug
- Analverkehr

Die Trockenheit der Scheide durch Östrogenmangel bei vielen Frauen nach dem Klimakterium kann zu schmerzhaften Empfindungen führen. Während des Schlafens, also der Entspannung, werden Frauen auf ganz natürliche Weise feucht. Kondome, Sexspielzeug und Anus haben keine eigene Feuchtigkeit!

Die Auftragung des Gels sollte „erotisch" erfolgen. Zur Erhöhung des Reizes kann dieses auch vorher im Kühlschrank gelagert werden. Den Penis kann man mit Gel zwischen den Brüsten reiben usw.

Wenn allein der Speichel als Gleitmittel dient, kann der Mund austrocknen, besonders wenn man zum Abendessen Wein getrunken hat.

Spermizid Nonoxynol 9-freie Gleitmittel verwenden (Schwangerschaftsverhütungsstoff).

Zu viel Gleitmittel verringert die Empfindungen! Gleitgel neutralisiert den spezifischen Geschlechtsgeruch!

Gleitmittel auf Ölbasis zersetzen und zerstören Kondome und Sexspielzeug aus Kunststoff. Sie rufen Überempfindlichkeiten und Allergien hervor. Die Anwendung ist nur bei manuellem Sex und Sexspielzeug aus Glas bzw. Stahl möglich

Gleitgels auf Wasserbasis kann überall eingesetzt werden.

Die ideale Stellen für den Einsatz von Gleitmitteln sind Reibungsgegenstände, sowie alle Körperbereiche, die gerieben oder gestreichelt werden, alle Körperöffnungen, Sexspielzeug und natürlicherweise auch die Finger.

Geschlechtskrankheiten

Geschlechtskrankheiten sind die durch intimen Körperkontakt (Austausch von Körperflüssigkeiten) übertragbare Krankheiten, also vor allem durch Geschlechtsverkehr.

Prinzipiell werden diese durch entsprechende Untersuchungsmethoden beim Facharzt festgestellt (siehe Blutuntersuchung, körperliche Untersuchung).

Eine sexuelle Erkrankung muss keine Symptome zeigen! Sie können lange symptomlos bestehen. Irreparable Schäden durch Verschleppung können auftreten. Den Partner bei einer Erkrankung umgehend informieren!

Geschlechtskrankheiten sind meldepflichtig!

Eine Übertragung findet durch Viren, Bakterien oder andere Mikrobien, die sich im warmen und feuchten Milieu der Schleimhäute der Geschlechtsorgane, des Mundes und des Rektums besonders gut entwickeln, statt.

Außerhalb die Milieus sind die Erreger nicht lebensfähig. Deshalb ist es kaum möglich, sich an Türklinken, Toilettendeckeln oder ähnlichem zu infizieren (wenngleich es in seltenen Fällen vorkommt, dass Geschlechtskrankheiten durch schmutzige Handtücher, Unterwäsche oder Bettwäsche übertragen werden können).

Man kann sich verschiedene Geschlechtskrankheiten gleichzeitig zuziehen. Heute sind sie fast alle heilbar. Es entwickelt sich keine Immunität gegen sie. Man kann deshalb immer wieder angesteckt werden.

Durch manuelle Stimmulation wird eine Übertragung von Geschlechtskrankheiten ausgeschlossen. Zum Nachweis einer Übertragung bei einer Hautverletzung kann man einen Essigsäuretest machen. Näheres siehe https://flexikon.doccheck.com/de/Essigsäuretest

Eine durch Austausch von Körperflüssigkeiten verbreitete Geschlechtskrankheit nennt man auch „Lustseuche“.

Zusammenfassend ist bei Geschlechtskrankheiten zu beachten: Je früher man sie behandeln lässt, umso weniger können Spätschäden auftreten. Geschlechtskrankheiten sind nach wie vor gefährlich und können ohne jedes Symptom auftreten.

Man kann sehr wohl verschiedene Geschlechtskrankheiten gleichzeitig haben. Frühzeitig behandelt, können Geschlechtskrankheiten am besten geheilt werden.

Kostenlose Untersuchungen und Behandlungen werden von Gesundheitsämtern und manchen Kliniken angeboten.

Jede Behandlung von Geschlechtskrankheiten unterliegt der ärztlichen Schweigepflicht. Eine Selbstbehandlung ist zwecklos und gefährlich (in Deutschland gesetzlich verboten).

AIDS

(eng.) **a**cquired **i**mmune(o) **d**eficiency **s**yndrome

Erstmals 1981 beschriebenes Krankheitsbild, das durch eine ausgeprägte zelluläre Immunschwäche mit rezidivierenden Erkrankungen, durch die neuro- und Lymhotropen Viren HIV-1 und HIV2 ausgelöst wird.

Aids gehört heute zu der am weltweit bekanntesten Erkrankung.

Gonorrhoe

Der (engl.) sog. Tripper ist die häufigste der meldepflichtigen Geschlechtskrankheiten. Es handelt sich um eine Kontakt- oder Schmierinfektion der Schleimhäute von Harnleiter, Muttermund, Enddarm, Kehlkopf oder Augen sowie evtl. der Vagina.

Die Gonokokken-Infektion tritt innerhalb von 2-10 Tagen mit Schmerzen und Brennen beim

Wasserlassen mit grüngelblichem Ausfluss (deshalb auch als Kavaliersschnupfen genannt) auf.

Beim Oralverkehr kann eine Infektion des Rachenraumes, ähnlich einer Halsentzündung vom einfachen Juckreiz bis zu heftigen Schluckbeschwerden oder mit keinerlei Symptomen, auftreten.

Durch Analverkehr kann Jucken, Brennen, eine Blutung, gelblichr Ausfluss oder Schmerzen beim Stuhlgang auftreten.

Bei unbehandelten Symptomen kann es zu Abszessen und Gelenkentzündung führen, bei Frauen zur Sterilität.

Andere Symptome bei der Frau können außerdem Zwischenblutungen, Ausfluss, Übelkeit, Erbrechen, Fieber, Schüttelfrost sein. Bei einer Schädigung der Eileiter kommt es zu bleibenden Schäden.

Die Gefahr einer Übertragung von Gonorrhoe auf das Kind während der Geburt besteht.

Behandlung: Antibiotika.

Syphilis (harter Schanker)

Syn. für Lues (venerea), sog. harter Schanker ist eine der schlimmsten Geschlechtskrankheiten.

„Syphilis ist eine Infektionskrankheit. Sie wird durch ein Bakterium ausgelöst und vor allem beim ungeschützten Geschlechtsverkehr übertragen. Typische erste Symptome sind Geschwüre an den Geschlechtsorganen und Lymphknotenschwellungen. Im weiteren Verlauf können die Bakterien schwere Organschäden verursachen und sogar zum Tode führen.“ (netdoktor.de)

Syphilis läuft in drei Stadien ab. In der heutigen Zeit tritt sie nur noch sehr selten auf im Gegensatz zur Genorrhoe. Erreger sind die Treponema pallidum (syn. Spirochaeta pallida)

- Frühsyphilis – Primärstadium
- Sekundärstadium
- Spätsyphilis – Tertiärstadium

Safer Sex wirkt gegen eine Syphilis-Ansteckung. Kondome sind hier ein gängiges Verhütungsmittel. Bei Oralverkehr werden zum Schutz vor sämlichen Geschlechtskrankheiten Lecktücher, (siehe www.Eis.de) empfohlen.

„Solche Schutzmaßnahmen können das Risiko für Syphilis deutlich senken, aber nicht völlig ausschalten. Der Syphilis-Erreger kann nämlich auch beim Küssen oder bloßen Berühren übertragen werden, wenn der Infizierte etwa Geschwüre im Mundraum hat und der Partner winzige Haut- oder Schleimhautverletzungen.

Bei normalen sozialen Kontakten sind keine besonderen Vorsichtsmaßnahmen (Desinfektion etc.) nötig. An Syphilis erkrankte müssen nicht gemieden werden!“ (netdock.de)

Sollte eine Schwangerschaft bestehen, muss die werdende Mutter unbedingt mitbehandelt werden.

Syphilis wird normalerweise mit Penicillin (Benzathin-Benzylpenicillin) behandelt.

Die weitere Beschreibung würde zu viel Raum einnehmen. (flexikon.doccheck.com/de und netdock.de)

Ulcus molle (weicher Schanker)

Diese Erkrankung fällt unter die „Rubrik Tropische Geschlechtskrankheiten". Es ist eine weniger bekannte Geschlechtskrankheit. Meist in tropischen Ländern auftretend. Es ist sinnvoll, dass Touristen diese Erkrankung kennen. Erreger sind die Treponema pallidum (syn. Spirochaeta pallida).

Der weiche Schanker ist eine bakterielle Infektion, die innerhalb weniger Tage zu großen, schmerzhaften, weichen Geschwüren führt. Die Erkrankung kann mit Antibiotika gut behandelt werden.

Lymphogranuloma inguinale

Dies ist eine Infektion durch Chlamydien (eine Art Bakterien). Dabei entsteht ein kleines Geschwür und eine Schwellung der Lymphknoten in der Leiste.

Diese Geschlechtskrankheit verursacht Harnleiterentzündungen (syn. Granuloma venereum), ein brennendes Gefühl beim Wasserlassen, ungewöhnlicher Ausflus aus der Scheide, Schmerzen im Unterbauch, beim Sex, Zwischenblutungen. Die Übertragung erfolgt oral und genital.

Folgen durch genitalen Sex sind chronische Eileiterinfektionen, Eileiterschwangerschaften, Unfruchtbarkeit. Folgen durch oralen Sex ist eine Infektion der oberen Atemwege.

Beim Säuglingen kann es Augen- und Lungeninfektionen verursachen.

Beim Mann sind Schmerzen beim Urinieren und Penisabsonderungen vorhanden. Behandlung mit Antibiotikum.

Granuloma renereum

Es handelt sich hier um eine bakterielle Infektion, die fast nur in den Tropen vorkommt. Durch den heutigen Tourismus ist diese Erkrankung wieder auf dem Vormarsch. Die Symptome sind ähnlich wie bei Granuloma inguinale. Behandlung mit Antiotikum.

Feigwarzen

Syn. Condylomata acuminata. Feigwarzen fallen auch unter den durch Geschlechtssverkehr übertragbaren Erkrankungen.

Diese Erkrankung tritt in Form von Warzen entweder an den Geschlechtsorganen, in deren näherem Umfeld oder am Anus bei Männern und Frauen auf.

Beschwerden sind vaginaler Ausfluss, Harnleiterentzündungen, Hämorrhoiden, Analekzeme, Vorhautveränderungen, blumenkohlartige, hahnenkammartige papilläre Wucherungen aus stecknadelkopf großen Knötchen (sieht wie Ausfransung aus).

Die Inkubationszeit beträgt vier Wochen bis zu mehreren Monaten. Die Feigwarzen-Behandlung ist relatiiv einfach und erfolgreich, wenn sie konsequent durchgeführt wird.

Trichomoniasis

Trichomonaden sind einzellige Organismen, die bei vielen Menschen in Harnröhre und –blase vorkommen.

Bei Männern führen sie nur selten zu Symptomen. Bei Frauen können sie zum Brennen beim Wasserlassen oder Ausfluss führen. Der Ausfluss ist weiß und schaumig und hat einen besonderen Geruch.

Es kann auch zu Rötungen und Schwellungen im Bereich der Scheidenöffnung kommen. Die Komplikationen sind nicht so ernst wie bei der Gonorrhoe oder Syphilis.

Die Behandlung erfolgt durch Antibiotikum, die von beiden Partnern eingenommen werden müssen, um eine erneute Infektion der Frau durch den – symptomfreien – Mann zu verhindern. Trichomonden sind sehr verbreitet.

Übertragbare Krankheiten

Hierbei handelt es sich um Krankheiten, die nicht unter den klassischen Geschlechtskrankheiten einzuordnen sind. Dazu gehört die Candidose (Pilzerkrankung), Läuse und Milben. Diese werden, jedoch genauso wie die klassischen Geschlechtskrankheiten, durch Körperflüssigkeiten beim sexuellen Kontakt oral, vaginal oder anal übertragen.

Unter dieser Rubrik fallen auch Viruserkrankungen, die nicht mit Antibiotikum behandelt werden können. Auch hier gilt: Je schneller zum Arzt, umso größer die Chance, die Erkrankung ohne Spätfolgen zu behandeln.

Dazu gehören nachfolgende bakterielle Infektionen:

- Salmonellen
- Thyphus
- Amöben
- Ruhr

Virusinfektionen:

- Hepatitis (z.B. übetragbar durch oral-analem Verkehr). Die Viren werden außerdem in Samenflüssigkeit und Speichel ausgeschieden und können übertragen werden.
- Herpes simplex
- Salmonellen
- Typhus
- Amöben Ruhr zeigt sich durch wässrige Stühle und dem entsprechenden körperlichen Merkmalen wie Kräfteverlust, das Gefühl, die Beine weggezogen zu bekommen, Ermüdung, Ermattung, Austrocknung.

Virusinfektionen haben ein starkes Krankheitsgefühl zur Folge. Bei einer Hepatitis kann auch eine Gelbfärbung auftreten, wenn die Galle in das Blut übertritt.

Hygiene

Morgens und abends die Hände waschen und mit einer unparfümierten Feuchtigkeitslotion eincremen.

Auf tadellose, nicht zu lange, eher kurze Nägel achten, um Verletzungen beim Austausch von Zärtlichkeiten zu vermeiden.

Wenn Ringe getragen werden, dann sollten diese möglichst glatt sein.

Es ist kaum vorstellbar, dass man von Händen angefasst werden will, die ungepflegt sind.

Ein frischer Mund ist anziehend. Die Zähne pflegen mit Zahnseide und Zahnpasta.

Mundgeruch wirkt abstoßend. Wenn wir den Partner mögen, sollten wir es ihm sagen. Wenn entsprechende Gewürze oder Speisen gegessen werden, sollten beide davon essen, um gleich zu riechen. Petersilie ist ein Gewürz, dass andere Gewürze neutralisiert.

Für einen guten Atem sorgen Mundwasser, Pfefferminzbonbons oder Kaugummi.

Lippen weich und geschmeidig halten.

Eine gründliche Reinigung des Körpers ist erstes Gebot! Dazu gehört die Reinigung des Haares, der Ohren, Finger- und Zehennägel, der Füße und natürlich besonders der Geschlechtsteile (hygienisch einwandfrei!).

„Natürlicher Geruch" wird von manchen als sexy empfunden, auf einen anderen Menschen wirkt er oft eher abstoßend. Auffällig ist hier die Überzahl von Männern, die das von sich meinen. Diese Erfahrung habe ich immer wieder in meinem Praxisalltag gemacht.

Der Kuss

Der Kuss allein mag bedeutungslos sein,
für die meisten nur eine Spielerei.
Doch hast man dabei nicht bedacht,
dass es die Seele in Bewegung gebracht.

Der Kuss ist die Pforte deiner Seele,
eröffnet dem Partner zu dir alle Wege.
Du spürst, wie deine Sinne schwinden,
willst dich nicht aus der Umarmung winden.

Dein Wille scheint wie ausgelöscht,
ist willentlich so von dir gewollt.
Heißt ihn willkommen, trete ein,
mit dir nur will ich glücklich sein.

Die Zungen fangen an zu erzählen,
sie wollen sich mit dem du vermählen.
Zärtlich fordernd streicheln sie sich
und tauschen aus geflissentlich.

Sie wollen sich tief im du versenken,
sich voll Begierde und Lust ertränken.
Sie trinken gierig des anderen Saft,
saugen sich fest mit aller Kraft.

Aus zwei Menschen wird einer;
umfassend und ganz oder keiner.
Dann ist die ganze Konzentration
universell aufgelöste Konversation.

Zuneigung und Liebe wird empfunden,
gezeigte Gefühle unumwunden.
Eingehüllt und im Vertrauen,
beide jetzt die Seligkeit schauen.

Die Umarmung ist innig und fest,
die Körper schmelzen zusammen zuletzt.
Es gibt jetzt kein mehr: ich bin,
sondern nur wir, unser Gewinn.

Der Kuss – ein Lippenbekenntnis im wahrsten Sinne des Wortes. Die Lippen enthalten äußerst empfindliche Nervenenden. Der Kuss kann Milliarden Worte ausdrücken.

Er ist der zärtlichste und intimste Beweis einer Zuneigung. Mit dem Kuss öffnet man sich dem Partner, schenkt ihm sein Vertrauen und signalisiert ihm die Bereitschaft, weitere Zärtlichkeiten auszutauschen und mit ihm intim zu werden.

Mit dem Küssen beginnt die sexuelle Vereinigung. Dadurch kommt man richtig in Stimmung. Das Küssen ist die treibende Kraft für sexuelle Begegnungen.

Männer beobachten gern Frauen wie sie essen, weil das für sie eine erotische Stimulanz besitzt.

Es gibt verschiedene „Kussarten“ wie z.B.

- Zungenkuss (auch französischer Kuss, kann sehr intesiv sein und lange dauern)
- Eskimo-Kuss (reiben der Nasen)
- Wimpernkuss (auch Schmetterlingskuss, zärtlich, flüchtig, leicht)
- Tanzender Kuss (Wangenkuss, freundschaftlich)
- Stirnkuss (beschützend, liebevoll, zeigt einen Abschied an)
- Handkuss (Verehrung, Hochachtung)
- Saugender Lippenkuss (zärtlich bis fordernd)

- Knutschfleck (Unreife, Erinnerung)

Potenz

Von einem „potenten“ Mann spricht man, wenn dieser jederzeit zu einer Erektion fähig ist bzw. wäre. Wenn seiner Meinung nach die Umstände gegeben sind und es zulassen, kann er immer, wenn er möche.

Dieser „Umstand“ ist jedoch von Mann zu Mann unterschiedlich. Seine körperliche Verfassung ist ausschlaggebend für seine "momentane“ Potenz und in der Folge natürlich die Erholung bis zum nächsten Orgasmus.

Sexuelle Störungen

Impotenz

Der Mann ist zu keiner Erektion und damit zu keinem Geschlechtsverkehr mehr fähig. Die erektile Dystonie bzw. Impotenz ist die Unfähigkeit des Mannes, Kinder zu zeugen. Die Ursache kann in der Konsistenz des Spermas liegen.

Mögliche Gründe können körperlicher, psychischer oder medikamentöser Art sein. Das bedeutet jedoch nicht, dass der Mann zu keiner Erregung mehr fähig wäre und keine sexuelle Lust mehr vorhanden ist.

Psychopharmaka und Blutdrucksenker sind mit die häufigste Ursache einer erektilen Dystonie. Mit Hilfsmitteln und Fantasie ist ein spannendes, schönes und ausgeglichenes Sexualleben immer noch möglich.

Eine Frau kann nie impotent werden, aber lustlos. Sie reagiert in der Auswirkung gleich wie der Mann.

Beschneidung

Eine meist aus religiösen Motiven durchgeführte Entfernung der Vorhaut am Penis, die bereits im Säuglings- oder Kleinkindalter vollzogen wird. Sie ist ein Zeichen für die Aufnahme in die Religions- oder Stammesgemeinschaft.

Viele Männer lassen sich heute aber auch aus hygienischen Gründen beschneiden. Unter der Vorhaut können sich Schmutz und Sekrete

(Smegma) sammeln. Dies könnte zu einer Entzündung führen und auch Krankheiten auf die Frau übertragen.

Auch bei Frauen und Mädchen ist in vielen Teilen der Erde die Beschneidung „leider“ immer noch an der Tagesordnung, wie die Entfernung der Klitoris (in Afrika immer noch gang und gäbe) und das Zusammennähen der Schamlippen.

Bei Geschlechtsverkehr und bei der Geburt wird die vernähte Vagina wieder geöffnet und anschließend wieder vernäht.

Frigidität

Es handelt sich hier meistens um Frauen, die mit Frigidität bzw. Gefühlskälte reagieren, entstanden durch Frustationen in der Vergangenheit. Frigidität wird schon im Kindesalter geprägt, z.B. durch sexuelle Übergriffe Erwachsener auf Kinder. Es liegen hier schwere psychische Störungen vor.

Die Frigidität betrifft meist Frauen. Bei einem Mann ist es später im Alter schlicht und einfach eine Impotenz und die damit auftretenden Minderwertigkeitskonflikte.

Nymphomanie

Die Nyphomanie ist ein extremer Sexualtrieb bei Frauen. Die Frau fordert weit mehr vom Mann, als dieser geben möchte, will oder kann.

Echte Nymphomanie ist als krankhaft einzustufen, da die betreffenden Frauen, ohne Befriedigung zu empfinden, ständig nach neuen Sexualpartner suchen.

Diese Frauen findet man nicht selten als Dominas.

Sodomie

Hier handelt es sich um die Sexualität mit Tieren. Fast immer wurde dieses Tun gesellschaftlich geächtet und meist mit strengen Strafen belegt.

Der Mann dringt mit seinem Penis beim Tier in den Anus ein.

Bei Frauen wird eine Einreibung der Genitalien mit Brühe vorgenommen, damit der Hund leckt oder mit Baldrian, damit die Katze sich daran reibt. Je tiefer die Duftstoffe in die Körperöffnungen eingerieben werden, um so tiefer dringt der Hund bzw. Katze ein.

Durch solche Einreibungen kann man Tiere so erziehen, dass sie durch Lecken und Schlecken an den Genitalien einen Orgasmus auslösen.

Bestimmte Eskimostämme glaubten, dass die weiße menschliche Rasse ihren Ursprung durch Geschlechtsverkehr einer Frau mit einem Hund hatte.

Das Thema steht auch im Interesse der Kunst von Malern oder Bildhauern.

Diese Handlungen sind bei Männern und bei Frauen so selten, dass sie von keiner wirklichen sozialen Bedeutung sind.

Pervertierte Sexualpraktiken und Psychopathien

Pervertionen sind Pädophilie (Sex mit Kindern), Gerontophielie (Sex mit einer alten Frau), Zoophilie (Sex mit einem Tier), Nekrophilie (Sex mit einem Leichnam), Pygmalonismus (Sex mit einer Statue).

Geschlechtsverkehr mit einem Kind wird bei uns strafrechtlich verfolgt! Inzest, Sex mit nahen Verwandten, war früher strafbar, heute nicht mehr.

Liebestechniken

Hier werden Liebestechniken aus verschiedenen Ländern, bevorzugt des europäischen Raums, aufgeführt.

Englisch: Der Koitus findet am Nachmittag statt (anstatt des Fünf-Uhr-Nachmittags-Tees) Das praktizieren von Sado-Maso-Spielen ist sehr beliebt.

Französisch: Orale Liebestechnik am Penis, die mit Mund und Zunge ausgeübt wird durch Saugen und Lecken.

Spanisch: Beim Busensex reibt der Mann seinen Penis zwischen den Brüsten der Frau und massiert sich bis zum Orgasmus. Bei dieser Sexvariante praktiziert die Frau den Verkehr ausschließlich mit den Brüsten. Liebhaber von üppigen Busen bevorzugen diese Sexart manchmal zu ihrer Befriedigung.

Italienisch: Hier „dringt" der Penis in die Achselhöhle ein. Mit dem Unterarm kann man den Druck regeln.

Griechisch: Praktizierter Analverkehr, auch Pedicatio.

Russisch: Praktiziert werden Ölmassagen. Manchmal ist auch eine Intimrasur einbezogen. Die Frau befriedigt den Mann mit ihren Oberschenkeln, d.h. der Mann „dringt" zwischen ihre Oberschenkel ein.

Russisch – ein Gedicht

Dir einmal nackt zu Füßen liegen.
Nach deinen zarten Knöcheln greifen

und dir die roten Pumps abstreifen;
ganz langsam einen Steifen kriegen,

Die nackten Sohlen lüstern lecken,
den feinen Duft nach Leder schmecken,
genüsslich an den Zehen saugen,
dein Lächeln sehn aus dunklen Augen.

Die Füße sanft nach unten lenken,
bis sie den harten Schwanz berühren.
Dann nichts mehr tun,
auch nichts mehr denken.

Nur noch das Auf und Nieder spüren,
allmählich stöhnen, keuchen, schwitzen,
und schließlich heftig zuckend spritzen.

Serbisch: Gespielte Vergewaltigung, auch Rollenspiele immer im gegenseitigen Einverständnis.

Thailändisch: Die Thai-Massage: Die Frau massiert den Körper des Mannes mit ihrem Körper. Wird als sehr stimulierend empfunden.

Sexualpraktiken

Regeln für eine ehrliche Beziehung:

1. Teile deine Sorgen und Freuden mit deinem Partner. Tue Gutes für deine Beziehung!
2. Spreche mit ihm über deine sexuellen Wünsche. Dadurch lernt man sich schnell besser kennen!
3. Selbst gesetzte und fremde Verbote infrage stellen!
4. Respektiere die sexuellen Wünsche deines Partners!
5. Eigene und dem Partner seine erotische Fantasien auszuleben, ohne ihn zu bedrängen oder zu nötigen!
6. Schenke deinem Partner einen Vertrauensvorschuss, das bedeutet: Vertrauen ohne Gegenleistung!
7. Den Partner warnen, bevor er oder man selbst die Partnerschaft aufs Spiel setzt. Das passiert, wenn man sich ausgenutzt, gebraucht und zurückgesetzt fühlt!
8. Alles, was beiden Freude und Lust bereitet, ist im gegenseitigen Einverständnis erlaubt!
9. Auf gar keinen Fall darf man ein stillschweigendes Einverständnis voraussetzen, weil man etwas möchte!

In dem Moment, wo beide Partner mit dem sexuellen Spiel einverstanden sind, ist alles in Ordnung. Jeder der beiden muss sich jedoch an die Spielregeln halten. Dazu gehört ein tiefes Vertrauen und Respekt.

Egal, was zwischen den Partner abgesprochen ist und für welche Spiele sie sich entschieden haben: Kinder gehören hier nicht dazu. Wenn ein Kind eine Rolle spielt, ist das Spiel sofort zu beenden.

Wie und was praktiziert wird, liegt an der Absprache. Es spielt dann keine Rolle, ob sadomasochistisch, sadistisch, masochistisch und viele andere Spiele. Im gegenseitigen Einverständis kann die Absprache auch Gewalt beinhalten wie z. B. eine gespielte Vergewaltigung.

Feuchte Träume

Wenn die Geschlechtsreife bei den Jugendlichen eintritt, kann es bei den Jungen zu feuchten Träumen kommen. Dabei kommt es nachts zu einer Ejakulation.

Auch bei einer sehr enthaltsamen Lebensweise eines Erwachsenen kann es zu einem feuchten Traum kommen.

Tabus

Tabus in der Partnerschaft müssen unbedingt eingehalten werden, respektiert und geachtet. Dadurch entsteht Vertrauen.

Jeder Mensch hat irgendwelche Tabus. Manche mögen keinen Oral-, bzw. Analsex. Andere haben spezielle Wünsche, die der Partner nicht erfüllen kann oder will.

Diese Grenzen sind unbedingt zu beachten, um Vertrauen aufzubauen und eine erfüllte Beziehung zu erfahren. Es kann möglich sein, dass ein Tabu fällt, wenn die Zuneigung und das Vertrauen tief genug ist, dass man sich vorsichtig der Grenze nähert und diese dann – gemeinsam – überschreitet.

Orte der Stimulation

Lieblingsorte für manuelle Stimulation:

- Treppen, Aufzüge, Hotels, Bibliotheken, Bürogebäude
- Auto, Gebüsch, Böschung
- Öffentliche Verkehrsmittel, Taxi
- Tische, Schreibtische
- Sitzungssaal
- Toiletten, -räume
- Restaurant
- Waschküche, Keller
- Unter der Stranddecke
- Wald und Wiese
- Schlafzimmer, Wohnzimmer, Küche
- Gebäudenische, Kino uvm.
- Sauna, Freibad, Badesee

Es ist Vorsicht geboten, wenn Sex „geheim" gehalten werden soll. Spermageruch kann sehr intensiv sein.

Der Akt kann überall stattfinden, wie und wo sich eine Gelegenheit ergibt, Hauptsache, beide wollen es und haben ihre Freude daran.

Stimmungsvoll sind noch Zutaten wie weiche Beleuchtung, Musik, Duft von Ölen und Kerzen, Kaminfeuer, Champagner u.a.

Koitus

Das ist die am weitesten und häufigste verbreitete Form des Geschlechtsverkehrs. Es ist ein intimer sexueller Kontakt und die genitale Vereinigung von Mann und Frau. Dabei wird der Penis in die Vagina eingeführt.

Es gibt die unterschiedlichsten Verhaltensweisen in der Partnerschaft. Selbst heute gibt es in unserer Gesellschaft noch Männer, die sich nur für die Vereinigung von Penis und Vagina interessieren. Jede andere Art des Geschlechtsverkehrs ist für sie überflüssig.

Sicherlich gibt es auch Frauen, die keine weiteren Ansprüche an den Partner haben und sich mit einem „Sparsex“ abfinden. Die Partnerin bleibt dabei oftmals unbefriedigt.

Der Koitus dauert möglicherweise nicht länger als ein paar Sekunden. Sexueller Genuss – wenn überhaupt vorhanden – ist nur für einen kurzen Augenblick möglich.

Andererseits gibt es Paare, die aus ihrem Geschlechtsverkehr ein ausgedehntes und äußerst abwechslungsreiches Ritual machen. Für sie ist der Koitus nur eine von vielen Möglichkeiten, sich gegenseitig zu befriedigen.

Heterosexualität

Heterosexualität ist die häufigste Form des Sexualverhaltens.

Die Bezeichnung zeigt die sexuelle Orientierung, Erregbarkeit und Aktivität gegenüber Partnerinnen oder Partnern des jeweils anderen Geschlechts.

Dies bedeutet nicht, dass die Heterosexualität auf einen Partner beschränkt sein muss. Gruppensex mit dem anderen Geschlecht fällt auch darunter. Ein sexuelles Er-/Ausleben mit dem gleichartigen Geschlecht wird abgelehnt, bzw. es besteht in dieser Hinsicht weder eine erotische Anziehung noch Auslebung.

Bisexualität

Als bisexuell werden Menschen bezeichnet, die ihren Geschlechtstrieb sowohl mit gleichgeschlechtlichen Partnern als auch mit solchen des anderen Geschlechts ausleben nach dem Motto: Lieber „bi" als „nie".

Bisexuelle Anlagen sind fast in jedem Menschen vorhanden. Besonders stark ausgeprägt sind sie jedoch bei jungen Menschen, bei denen die Geschlechtsreife noch nicht abgeschlossen ist.

Bisexuelle Neigungen treten natürlicherweise häufiger bei Frauen auf. Niemand findet etwas in unserer Gesellschaft dabei, wenn zwei Frauen sich öffentlich umarmen und küssen. Man kann bei ihnen nicht unterscheiden, ob sie ein Paar sind oder nur „Freundinnen“.

Beim freundschaftlichen Umarmen männlicher Partner denkt jeder gleich an Homosexualität und findet es ein bisschen eigenartig. Erst in zweiter Linie denkt man daran, dass sich hier nur Freunde treffen könnten.

Durch Erziehung und Moral entscheiden sich die meisten Menschen meistens dafür, ihre bisexuelle Seite zu unterdrücken.

Homosexualität

Hier handelt es sich um eine gleichgeschlechtliche Liebe. Homosexualität war früher bei uns verboten. Der § 175 bestrafte bis 1974 sexuelle Handlungen zwischen Männern in Deutschland. Seit dieser Zeit wird Homosexualität öffentlich praktiziert und kann durch eine Heirat legitimiert werden.

Männer werden als schwul bezeichnet, Frauen als lesbisch.

Bei beiden Geschlechtern überwiegt die Zuneigung zum eigenen Geschlecht deutlich. Für viele Menschen besteht immer noch eine gewisse Distanz zu den für sie „abnormalem“ Geschlecht.

In den USA ist die Bezeichnung für Schwule oder Schwulsein „Gay People“ oder „Gayness, Das Wort Gayness für Homosexualität war schon im Mittelalter bekannt und bedeutete damals nichts weiter als „heiter“ oder „farbenfroh“.

Zu Beginn des 17. JH wurde es dann benutzt, um eine lockere Lebensweise zu kennzeichnen. Erst ab dem 20. JH wurde das gleichbedeutend bekannt mit „homosexuell", jedoch zunächst nur innerhalb der „schwulen" Subkultur.

Genitaler oder vaginaler Sex

Sexueller Kontakt wird zwischen den Geschlechtsorganen zweier Partner praktiziert, wobei vaginaler Sex das gebräuchliste Wort dafür ist. Es ist die selbstverständlichste Art mit einander zu verkehren. Fantasie ist hier nicht notwendig. Es erledigt sich quasi von selbst.

Oraler und analer Geschlechtsverkehr wurde in früher Zeit bestraft, als pervers und abnorm bezeichnet und als psychiatrische Störungen bzw. Geisteskrankheiten eingestuft (Oralismus, Analismus). Auch hier hat sich viel verändert. Er wird zwar nicht überall, jedoch häufig praktiziert.

Manueller Sex

Sexueller Kontakt geschieht zwischen den Geschlechtsorganen eines Menschen mit der Hand oder den Händen eines anderen.

Die Berührungen der Geschlechtsorgane werden als sehr angenehm empfunden. Er dient in den meisten Fällen als Stimulation vor dem Wechsel zu einer andern Form des Geschlechtsverkehrs.

Manueller Sex ist nicht zu verwechseln mit der Masturbation oder Selbstbefriedigung, bei der man selbst Hand an sich anlegt.

Die manuelle Stimmulation ist der Schlüssel zum vollkommenen Sex und ein Vorspiel. Meist beginnt dieses mit den Händen. Außerdem hat es den Vorteil, dass eine Übertragung von Geschlechtskrankheiten nicht möglich ist, Schwangerschaften vermeidet und ein Orgasmus erlebt werden kann. Ein Begegnung ohne Reue!

Solotripp

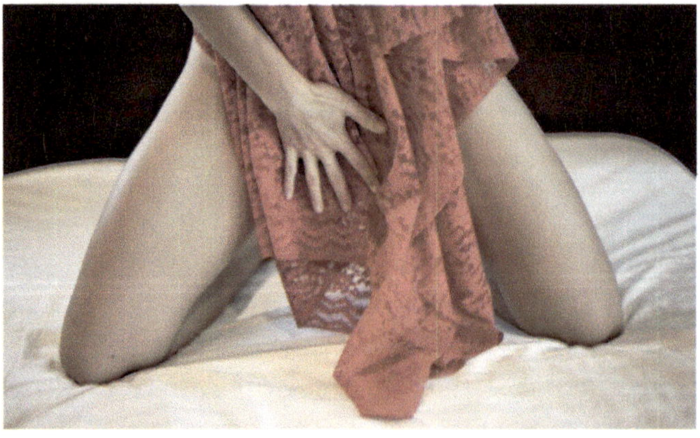

Solotripp, Autoerotik oder Handarbeit zur Selbstbefriedigung ist heute gang und gebe, sogar stressabbauend und lustvoll. Praktiziert wird die Selbstbefriedung durch Onanie und Masturbation.

Solo

Sie ließ sich wohlig das Wasser über den Körper laufen - kühles Wasser - so, dass laues Wasser nachdem als warm empfunden wird.

Sie hatte einen großen Wasserverbrauch.

Für sie war das Wort „Duschen" ein Codewort für „Lust".

Dieses Duschen bereitete ihr jedesmal Lust.
Ja, Lust ... Lust ... Lust!!!

Lust am Körper ... Lust am Empfinden ... Lust am Leben ...

Sie seifte sich sinnlich ein ...

Mit seifenglatten Händen modellierte sie ihre Körperformen nach ...

Den Hals ... die Brust ... die Hüfte ... die Schenkel ...

Sie genoss das obzöne blaffige Quietschen, wenn die Hände den Seifenschaum zwischen

Scheide, Oberschenkeln und Po rieben. „Mein Arsch ... ich habe einen schnuckligen prima Arsch!", rief sie, aus Freude über sich.

Mit dem kalten Wasser der Dusche schwemmte sie den Seifenschaum fort, schwappte sich kaltes Wasser ins Gesicht und stieg aus der Wanne.

Mit einem großen flauschigen Badelaken trocknete sie sich genüsslich ab.

Wohlgefällig stellte sie sich vor den Spiegel, in dem sie fast ihre ganze Figur sehen konnte.

Gelöst und locker stand sie davor. Betrachtete sich eine halbe Minute lang.

Dann ging sie ganz nahe an den Spiegel und gab dem Mund, der sich näherte, einen Kuss. Hell auflachend ging sie ins Schlafzimmer und warf sich aufs Bett.

Mit den Fingern der rechten Hand, die sie ab und zu, mit dieser oralen Handlung die Lust fördernd, zum Mund führte, um sie zu bespeicheln, steigerte sie und stillte sie schließlich ihre Lust.

Lange genoss sie den Orgasmus.

Sie schloß — wie ein Echo die Lust nachempfindend — die Augen und entspannte sich.

Dann stand sie auf.
Wieder stellte sie sich vor den Spiegel und lachte sich an: „Mir fehlt nichts! Alles, was ich zum Lieben brauche, habe ich!
Außerdem bin ich mir treu und enttäusche mich nie!“

Wie gerade im Gedicht beschrieben handelt es sich um eine Sexualpraktik, die ohne Partner zur sexuellen Stimulation und zur Befriedigung führt. Oft kommt dann noch Sexspielzeug zum Einsatz wie Vibrator, Dildo, Klammern u.a.

Die Selbstbefriedigung ist eine völlig normale Spielart der menschlichen Sexualität, die sogar bei sexuell sehr zufriedenen und ausgefüllten Menschen hin und wieder zusätzlich praktiziert wird.

Das zur Schau stellen der Genitalien bzw. Zuschauen bei einer Masturbartion erhöht das Zusammengehörigkeitsgefühl, das Gefühl der Vertrautheit. Die oft natürlicherweise vorhandene Scham oder Hemmung müste dann überwunden werden. Diesem Akt beizuwohnen verbindet einander. Außerdem steigert es die Lust und die Erregung und kann ein großer Lustgewinn für beide sein.

Apposition

Ein Aneinanderlegen bzw. –reiben der Geschlechtsorgane. Dadurch wird die Angst einer unerwünschten Schwangerschaft vermieden.

Eine Defloration bleibt aus, wenn diese nicht erwünscht ist. Das Hymen bleibt erhalten. Defloration ist eine Entjungferung, das Hymen ist das Jungfernhäutchen.

Paare, die erfahren sind in der Sexualität erfreuen sich manchmal der Apposition. Den eigenen Körper an dem des Partners reiben nennt man „Frottage". Mit etwas Übung ist ein Orgasmus für beide möglich.

Telefonsex

Telefonsex ist eine gegenseitige Stimulation allein durch das Telefonat.

Es wird dem Partner erzählt, wie und wo man sich gerade berührt, sich stimuliert und anregt. Die veränderte Stimmlage und eine veränderte Atmung wirken erotisierend auf den Partner.

Telefonsex endet bei dem einen oder anderen, bzw. beiden Partnern mit einem Orgasmus. Es gehört jedoch eine lebhafte Vorstellungsgabe dazu. Der Teilnehmer sollte sich fallen lassen können. Ein sehr schöner Auftakt zu einem später gemeinsam erlebtes Liebesspiel.

Der Reiz liegt in der Stimme und der eigenen Fantasie und der daraus entstehenden Stimulation der Geschlechtsteile. Beiden Teilnehmern gefällt diese Art der Kommunikation, die sehr schön sein kann. Viele Menschen sind jedoch mit Hemmungen belegt.

Telefonsex wird auch komerziell betrieben. Hier war eine Nische, die gefüllt wurde.

Oraler Sex

Sexuelle Befriedigung des Partners durch Stimulation der Genitalien mit Mund und Zunge.

Die männlichen äußeren Geschlechtsorgane sind für Berührungen sehr empfänglich. Besonders, wenn an ihrem Penis gelutscht und gesaugt wird (Fellatio). Lippen und Zunge und das warme, feuchte Innere des Mundes haben eine sehr große anregende sexuelle Stimulation.

Viele Partnerinnen bringen ihren Partner gerne auf diese Weise zum Orgasmus. Allerdings gibt es auch Frauen, die eine grundsätzliche Abneigung gegen diese Praxis haben.

Sie empfinden es genauso – wie der Mann – als sehr angenehm, wenn an ihren Geschlechtsteilen gelutscht und gesaugt wird. Oft bekommen sie auf diese Art und Weise schon einen Orgasmus.

Badetuch

Ich trug ein weißes Badetuch,
geknüpft um meine Lenden.
Du zogst an ihm, nun wär's genug,
ließt das Versteckspiel enden.

So stand ich nun ganz nackt vor dir,
du sahst mich an und lachtest:
Komm' Laura, Süße, mach es mir,
wenn du ihn schon entfachtest.

Ich kriegte erstmal Gänsehaut,
dann trat ich etwas näher.
Sah, dass sich was zusammenbraut,
nun, Schläge täten weher.

Ich kniete nieder, nahm ihn dann
ganz zärtlich in den Mund.
Du stöhntest leise dann und wann,
die Speerspitze ward rund.

Und prall und feucht, schon konnt' ich dich

ein ganz klein wenig schmecken.
Da hieltst du inne, lenktest mich
die Eier auch zu wecken.

Mein Mund umschloss das linke erst,
es schien dir zu gefallen.
Ich weiß, dass du mich jetzt begehrst,
mein Blut begann zu wallen.

Das rechte Ei kannst du dir sparen,
zeig mir dein Antlitz, sieh mich an.
Denn, Laura, jetzt sollst du erfahren
wie schnell ich dich besudeln kann.

Nur unscharf sah ich dein Geschlecht,
zu fesselnd war dein Blick.
So, Laura, das war nur gerecht,
schon zogst du dich zurück.

Und mir blieb nur das Badetuch
die Sahne abzuputzen.
Ach, Segen ist's und zugleich Fluch,
die Wangen zu beschmutzen.

Analer Sex

Der Penis wird sanft in den Anus eingeführt und der Verkehr vollzogen. Die anale Region ist eine feinnervige erogene Zone, die bei Stimulation oft äußerst lustempfindlich reagiert.

Bei vielen Menschen besteht allerdings eine anerzogene Hemmschwelle.

Der After gilt als sexuelle Tabuzone. Sind diese Hemmungen erst einmal überwunden, kann der Analverkehr für beide Partner eine völlig neue sexuelle Erfahrung mit einem erhöhten Lustgewinn darstellen. Allein durch die Enge des Anus erhöhen sich die Reize auf die Lustnerven beider Partner.

Da die Afterregion selbst bei Erregung über keine natürliche Feuchtigkeitsproduktion verfügt, sollte möglichst ein wasserlösliches Gleitgels benutzt werden. Dadurch erleichern sich die Partner das Eindringen und schützen sich gleichzeitig vor schmerzhaften Empfindungen.

Möglichst ein natürliches Verhütungsmittel ohne Chemie verwenden.

Um eine Verhütung zu erreichen, sollte der Mann dabei ganz tief in den Anus eindringen, um das herauslaufen des Spermas zu verhindern. Durch diese „Rückbefruchtung“ werden trotz der Vorsichtsmaßnahme noch 8% der Frauen schwanger.

Auch das Lecken am Anus (Anilingus) wird als sehr lustvoll empfunden, besonders das Umkreisen der Zunge um den Ring und das Eindringen der Zungenspitze. Zusätzlich können die Analzonen auch mit den Fingern, Dildos, Anal-Plug, mit und ohne Fibration, Einläufen, Dusche u.a. stimuliert werden.

Neulinge sollten ganz vorsichtig mit der Stimulierung des Analbereichs beginnen. Bei einem zu heftigen Einsatz kann es zu Hautrissen und Dehnungsschmerz kommen.

Ein Beispiel aus meiner Praxis:
Lange vor dem Bekanntsein und Verabreichung der Pille und dem allgemeinen Gebrauch von Verhütungsmitteln, die wir heute alltäglich anwenden, war die Familienplanung ein schwieriges Unterfangen. Dadurch kamen unkontrolliert mehr Nachkommen als gewünscht.

Ein Patient erzählte mir stolz von seiner Familienplanung in seinen jungen Jahren. Der Patient war Anfang des 20. JH geboren.

Er verrat mir seine Verhütungsmaßnahme: Seine Frau und er hatten damals ihre Freude und auch Spaß am Analsex entdeckt. In der Zeit, wenn die Gefahr einer Empfängnis bestand, wurde die

Freude und die Lust anal gestillt. Dadurch konnte er die Anzahl seiner Nachkommen planen.

Ich fand es bemerkenswert, dass dieser sexuelle Ausflug schon vor 100 Jahren bekannt war und auch hin und wieder praktiziert wurde. Heute weiß ich, dass sich in bestimmten Kreisen weit mehr schon damals sehr gut auskannten und sich lustvoll auslebten.

Doppeldecker (Sandwich)

Eine Art des Geschlechtsverkehrs, der häufig von einer Frau mit zwei männlichen Partnern ausgeführt wird. Hier liegt die Frau zwischen zwei Männern. Einer dringt mit seinem Penis in die Scheide der Frau und der andere gleichzeitig mit seinem Penis in den Anus.

Meist bringt diese Stellung eine sehr hohe Lustempfindung für die Frau, da hierbei gleich mehrere Lustzonen bedient werden!

Der Mann, der in den Anus eindringt, sollte ein Gleitgel zu benützen, da die Poöffnung keine eigene Feuchtigkeit entwickelt!

Eine lustvolle Beschäftigung für alle Teilnehmer. Männer empfinden es oft aufreizend, wenn sie wissen, dass sich kurz vorher ein anderer Mann in der Frau entleert hat, um dann die Frau zu nehmen. Siehe auch Gang Bang.

Rollenspiele

Um das sexuelle Zusammensein interessant und lebendig zu gestalten bieten sich Rollenspiele an. Hier können wir uns Wünsche erfüllen und die Fantasien ausleben. Es wird wieder Spannung und Abwechslung in das Sexualleben eingebracht.

Durch das sich in eine andere Person verwandeln kann sehr interessant und befriedigend sein, sowie Platz für sexuelle Lust schaffen.

Alles was anmacht, ist erlaubt, je nach Wunsch nur imaginär oder mit echten Kostümen und gespielten Szenen. Auch Masken helfen dabei, in eine andere Rolle zu schlüpfen: Mal als Alien vögeln oder als Fabelwesen verführen, und vieles, vieles mehr.

Wir können uns hier eine Bühne vorstellen, auf der wir verschiedene Theaterstücke spielen und unsere Fantasien ausleben. Jedoch immer unter Beachtung des Respekts und der Einhaltung von Grenzen und Tabus. Es sollte unbedingt vorher ein Safewort vereinbart werden, um eine Beendigung des Spiels zu garantieren, wenn es einem der Partner zu weit geht.

Nachfolgend einige Beispiele. Es versteht sich von selbst, dass das Einverständnis von allen Teilnehmenden vorhanden ist.

Das Präsidentspiel: Er spielt den Präsidenten und sie seine Praktikantin. Sie muss alles tun, um die Gunst ihres Vorgesetzten zu erwerben.

So haben wir auch das Spiel von Beichte, Richter und Angeklagter, Ritter und seine Jungfrau und viele andere.

Raufen: Es werden Spielregeln aufgestellt, wie gerauft wird. Bei Verletzung einer Spielregel erfolgt eine Strafe, die je nach Anlage beider Partner entsprechend ausfallen kann.

Vergewaltigung: Lustvoll wird diese Fantasie auf ungefährliche Art und Weise ausgelebt. Voraussetzung ist die Vereinbarung eines Safeword. Wenn einer der Partner das Wort ausspricht, wird das Spiel sofort abgebrochen.

Fesselungsspiele können zu einem besonders lustvolles Vergnügen führen. Da eine Klaustrophobie auftreten kann oder andere Ängste, die nicht bekannt sind ist unbedingt ein vereinbartes Safeword zu benutzen für einen sofortigen Abbruch.

Ein Schulspiel kann ein Sado-Maso-Spiel sein. Eine strenge Lehrerin muss von ihrem Schüler unter dem Schulpult oral befriedigt werden. Für den Genuss bekommt er zur Belohnung ein paar Hiebe mit dem Rohrstock verpasst.

Partnertausch

Ein Partnertausch ist eine sexuelle Praxis, in der zwei Paare, deren Partner in einer festen Beziehung leben, die Geschlechtspartner tauschen.

Sollten sich mehr Paare austauschen, handelt sich sich bereits um Gruppensex. Bei drei Personen spricht man umgangssprachlich von einem flotten Dreier.

Der Partnertausch wird oft in organisierter Form praktiziert.

Ein großer Teil der Menschen stellt sich in den Fantasien und Träumen diese Sexualpraktiken vor. In einer oft jahrzehntelangen Partnerschaft entsteht bei dem einen oder anderen der Wunsch, das Sexualleben durch eine andere Sichtweise zu erweitern.

Die Schwierigkeit besteht meistens darin, mit dem Partner über den innerlich entstandenen Wunsch zu reden.

Zweifelsfrei kann ein Partnertausch neuen Schwung und neue Ideen in eine Partnerschaft bringen. Auf der anderen Seite kann ein Partnertausch auch eine Beziehung zerstören.

Gruppensex

Man erfreut sich daran, nicht nur mit einem Partner alleinigen sexuellen Umgang, sondern mindestens zusätzlich mit zwei Frauen, ein Mann oder auch eine Frau und zwei Männer oder mehr, zu pflegen.

Partnerbeziehungen können sich auch entzweien, wenn der eine Partner Gruppensex praktizieren möchte, der andere nicht. In Swinger-Clubs kann man hier gleichgesinnte Geschlechtspartner finden.

Wenn noch keine Erfahrung mit Gruppensex besteht, bieten sich diese Swinger-Clubs an.

Letztendlich sollte man sich bei einem Besuch im Swinger-Club darüber im Klaren sein, dass auch Partnertausch in den Bereich der „Orgien" abrutschen kann.

Gang Bang und Troilismus

Von einer Frau oder nur ganz wenigen Frauen und mehreren Männern wird diese Art von Gruppensex praktiziert. Diese Praktik kann auch nur unter Frauen ausgeübt werden. Bei Troilismus ist das Verhältnis anders herum.

Kultur und Sitte

Prostitution

Sexualität wird gegen Geld angeboten. Die Prostituierten, oder auch Huren genannt, arbeiten in Bordellen oder auf dem Straßenstrich.

Laut Gabler Wirtschaftslexikon – Das Wissen der Experten - wird Prostitution definiert:

„Prostitution ist die Bereitstellung sexueller Dienstleistungen gegen Entgelt. Sie kann in Freiheit und Freiwilligkeit erfolgen oder unter Zwang (Zwangsprostitution), in Verbindung mit Menschenhandel und Sklaverei.

Man spricht augenzwinkernd vom horizontalen Gewerbe (wobei es sich gerade beim schnellen Sex häufig um ein vertikales handelt), übertreibend vom ältesten Gewerbe der Welt und mehrdeutig von käuflicher Liebe.

Die Existenzsicherung kann ebenso das Ziel sein wie die Beschaffung von Konsum- und Luxusgütern (in diesem Sinne meist Gelegenheitsprostitution).

Die Vermittler zwischen Prostituierten und Kunden (Freiern) bzw. Kundinnen sind die Zuhälter. Liebespuppen und Sexroboter ersetzen oder ergänzen menschliche Prostituierte. In mehreren

Ländern haben Bordelle eröffnet, in denen ausschließlich Liebespuppen zu finden sind.

Prostitution findet in Bordellen und Laufhäusern statt, in Nachtclubs und Striplokalen, in Privat- und Modellwohnungen – oder im Freien (Raststätten, Straßenstrich)."

Es gibt viele Menschen, die sich abfällig gegenüber der Prostition äußern. Sie vergessen, dass dabei viel an Gewalt umgeleitet wird und sich auf diese Art und Weise entlädt.

Prostition finden wir auch im täglichen Leben. Diese wird nicht als solche wahrgenommen, denn das „Aushalten/Ertragen" eines Partners ist legitimierte „Prostitution". Dies geschieht, weil man sich aus wirtschaftlichen Gründen nicht trennen will.

Die Partner haben noch ab und zu Sex miteinander, um sich den „erarbeiteten" Luxus bzw. Wohlstand auf diese Art und Weise zu erhalten.

Perversionen

Perversionen sind Verfeinerungen. Auch heute noch gilt ein Mann oder Frau pervers, die sich an nicht nur an allgemeinen Sexualpraktiken erfreuen. Dazu zählt:

- Fetischismus
- Voyeurismus
- Exhibitionismus
- Sadismus
- Masochismus

Fetischismus

Es besteht die Vorliebe für bestimmte Kleidung und Gegenstände, die einen „anmachen".

Es handelt sich um eine sexuelle Haltung mit Fixierung auf einen physischen Gegenstand. Dazu gehört eine bestimmte Kleidungsart, Füße, Strümpfe, die von Personen des gleichen oder anderen Geschlechts getragen werden u.v.a.m. Diese dienen als einzige oder bevorzugte Objekte zur sexuellen Erregung und Befriedigung.

Diese sexuelle Haltung findet sich besonders in der SM-Szene wieder, denn hier durchaus wünschenswert und normal. Auch alle anderen aufgeführten Spielarten können lustvoll in ein Liebesspiel mit eingebaut werden, ohne dass einer der Beteiligten eine Perversion dahinter sieht. Die Grenze ist schwimmend.

Man kann es als pervers betrachten oder nicht. Jeder von uns sieht etwas lieber oder weniger gern. Im Prinzip hat jeder von uns seinen eigenen Fetisch.

Voyeurismus

Nacktheit und geschlechtliche Handlungen anderer beobachten ist Voyeurismus. Der heimliche Wunschtraum vieler Menschen, die sich nicht dazu bekennen, um nicht als abnormal oder pervers zu gelten.

Es ist ein zwanghaftes, meist heimliches Betrachten (Spanner) einer Intimsphäre. So lange dieser Voyeurismus in der Heimlichkeit ausgelebt wird, gilt diese Verhaltensweise als pervers. Es ist ein Eindringen in die persönliche Athmosphäre eines anderen Menschen.

Menschen, die natürlicher mit der Sexualität umgehen, haben kein Problem damit, ihre Wünsche zu äußern oder auch zu befriedigen. Heute hat man die Möglichkeit, in einem Swinger-Club die sexuellen Handlungen zu beobachten, ohne mit einbezogen zu werden.

Voyeuristen können ihre Bedürfnisse auch mit dem Besuch einer Piepshow befriedigen.

Auch das Anschauen von pornografischen Vorlagen (Bilder und Filme) stillen ihre Neigung.

Exibitionismus

Seltener trifft man auf Exibitionisten, die sich vor anderen ganz oder teilweise in der Öffentlichkeit entblößen. Mir sind nur Männer bekannt, die andere Menschen versuchen zu provozieren, um dabei eine sexuelle Stimulans zu erhalten.

Eine Provokation kann sexueller Natur sein oder dazu dienen, gegen Konventionen zu verstoßen bzw. einen Protest darstellen.

BDSM

Das sind die Anfangsbuchstaben der englischen Bezeichnungen „Bondage & Discipline, Dominance & Submission, Sadism & Masochism."

Hier vereint sich die Bondage, Fesselung oder Einschränkung der Bewegungsfreiheit, sowie Dominanz und Unterwerfung, spielerische Bestrafung, Lustschmerz und Fesselspiele.

Das Halsband und der „Ring der O“ ist ein gebräuchliches Symbol des BDSM.

Diese Praktiken dienen ausschließlich dem Ziel der sexuellen Stimulation, der Ästhetik (bei Bondage) und Lustgewinn.

BDSM erfreut sich immer größerer Beliebtheit und nimmt deshalb etwas mehr Raum in meinem „Erotikon“ ein.

Bondage

Bondage kommt aus dem Englischen („bond“ = Fessel, „bondage“ = Leibeigenschaft, Hörigkeit), auch Fesselsex.

Bondage muss gelernt werden. Es gibt richtige Künstler auf diesem Gebiet. Die Kunst von Fesselungen begeistern alle Beteiligte.

Natürlich ist darauf zu achten, wie bei all diesen etwas ausgefalleren Liebesspielen, dass der Partner immer mit viel Fingerspitzengefühl geführt wird. Ein Safeword ist Bedingung, um eventuell bei auftretenden Ängsten des Gefesselten das Spiel sofort zu beenden.

Sadismus

Ein Sadist erlebt Lust oder Befriedigung dadurch, andere Menschen zu demütigen, zu unterdrücken oder ihnen Schmerzen zuzufügen.

In einer Partnerschaft, die zwischen einem Sadisten und einem Masochisten besteht, ist ausdrücklich die sadistische Handlung vom Masochisten erwünscht. Die sadistischen Handlungen sind vielschichtig. Sie können sich im physischen und psychischen Bereich abspielen.

Ein Sadist kann zum Beispiel mit dem Gebrauch einer Peitsche einem Masochisten die Lust „hochpeitschen“. Nicht zu vergessen, dass in einer solchen Partnerschaft eine ganz normale, liebevolle und intensive Beziehung miteinander besteht.

Im psychischen Bereich drückt sich der Sadismus durch verbale Erniedrigungen aus.

Masochismus

Ein Masochist erlebt Lust und Befriedigung dadurch, dass ihm Schmerzen sowohl körperlich als auch seelisch zugefügt und er gedemütigt wird. Dies ist ausdrücklich vom ihm erwünscht.

Die Unterwerfung ist ein Teil des Spiels und des Lustgewinns auf beiden Seiten. Er kommt auf diese Art und Weise zu seinem Orgasmus.

Sadomasochismus

Frage: Was ist Sadismus
Antwort: Wenn der Masochist den Sadisten bitten ihn zu quälen und dieser sagt „nein".

Dies ist natürlich eine Scherzfrage, trifft jedoch den Kern insofern, als hier mentaler Sadismus gezeigt ist.

Dominanz und Unterwerfung spielt sich sowohl auf physischer und psychischer Ebene ab.

Sadismus und Masochismus (SM oder Sado-Maso) sind in den letzten Jahrzehnten salonfähig geworden. Es ist eine besondere Art der partnerschaftlichen Beziehung, mit der beide Seiten einverstanden sind und diese gewollt ist, um Lustgewinne zu erzielen.

SM ist keine brutale Gewalt und Rücksichtslosigkeit oder Misshandlung gegen den Partner.

In dieser Beziehung steht absolutes Vertrauen zueinander im Vordergrund, sich fallen lassen zu können und sich innerlich zu befreien. Der sadistische Partner ermöglicht dem masochistischen Partner durch Lustschmerz tiefste Befriedigung.

Der praktizierte Sadismus (SM) wird auf Wunsch des Masochisten ausgeführt der ihn veranlasst, ihn körperlich und/oder seelisch zu quälen. Dies setzt grundsätzlich das Einvernehmen beider beteiligten Partner voraus.

Grenzen und Tabus während des „Liebesspiels" müssen beiderseits beachtet und respektiert werden.

Leichte Formen von SM sind auch „normalen" Sexualpartnern oft sehr willkommen.

Anregungen und Einführungen in dieses Thema gibt die Literatur her. Auch Filme über dieses Thema gibt es bereits für die breite Öffentlichkeit.

Viele der Personen, die sich in der SM-Szene bewegen, möchten mal sowohl die sadistische als auch masochistische Seite aus- und erleben. Sie haben durchaus Vergnügen daran (switchen).

Der Übergang von normalem Sex zum Sadomasochismus ist schwimmend und gleitend.

In der „SM-Szene" werden Sadisten als TOP oder Dom, Frauen als Domina, Domme oder auch Herrin bezeichnet.

Die Neigung zum Masochismus tritt häufiger bei Frauen als bei Männern auf. Sie erduldet lustvoll die Demütigungen und Züchtigungen durch ihren Partner oder eine andere dominierende Person und kommt dabei auch zum Höhepunkt.

Damit die Grenzen des ertragbaren nicht überschritten werden, wird auch hier ein Safeword vereinbart. Das bedeutet bei Nennung ein sortiger Abbruch des Spiels.

Domina

Bei einer Domina handelt es sich um eine Frau, die sich auf Erotik und Unterwerfungs-Sex spezialisiert hat.

Sie ist schon durch ihre Kleidung und ihre deutlich sichtbaren Accessoires wie Peitsche, Fesseln und ähnlichem zu erkennen.

Sie ist eine herrische und bestimmend wirkende Frau. Viele von ihnen strahlen eine bewunderswerte Weiblichkeit aus. Dadurch ist sie für den Masochisten besonders begehrenswert.

Diesem Wesen zu huldigen unterwirft er sich gern und möchte von ihr „geplagt“, „gepeinigt“ und „gezüchtigt“ werden.

Die Domina bringt sich nicht sexuell in das Geschehen ein. Sie ist keine Prostituierte. Sie bleibt unnahbar und immer das Spiel dominierend. Sie hat die Regie und die Zügel fest in der Hand.

Ihre Partner sind oft extrem masochistisch veranlagt. Diese können ihre sexuelle Leidenschaft nicht in einer normalen Partnerschaft ausleben. Diese befriedigt schon die mentale Unterwerfung, andere dagegen müssen körperlich gezüchtigt und gequält werden, um zu einen Orgasmus zu gelangen.

Flagellation

Das Peitschen oder Schlagen eines Menschen, um sexuelles Vergnügen und Befriedigung zu erlangen, ist gewünscht.

Flagellation ist besonders im Sado-Masochismus verbreitet, wobei sexuelle Bedürfnisse dieser Art frei ausgelebt werden.

Für Flagellations-Liebhaber gibt es inzwischen eine große Zahl von Magazinen, Büchern und sogar Videos, mit denen sie ihre sexuellen Neigungen bis zu einem gewissen Grad zumindest visuell befriedigen können. Es werden verschiedene Werkzeuge dazu verwendet wie Peitschen, Stöcke, Spatel, Klatschen u.a.

Pornographie

Öffentliches Zurschaustellung des Geschlechtsverkehrs vorwiegend durch die Filmindustrie.

Unter normalen Sex verstehen wir den sog. Hausfrauen-, Blümchen- oder Vanillasex, bestehend aus Vorspiel durch Austausch von Zärtlichkeiten, den Akt und (wenn überhaupt) noch ein Nachspiel.

Transgender, Transsexuell, Transvestit

Definition nach praxistipps.focus.de:

„Die Abgrenzung der unterschiedlichen Geschlechtergruppen ist nicht immer ganz einfach. Welche Bezeichnung bei Transpersonen richtig ist, stößt bei vielen auf Unwissenheit und große Unsicherheit, denn schließlich ist bekannt. wie wichtig den Transpersonen die Bezeichnungen ihrer Geschlechterzuordnung sind. Gerade deshalb ist eine Abgrenzung wichtig.

Transgender ist der Überbegriff für jegliche Form von Menschen, die sich mit ihrem eigenen Körper nicht identifizieren können und sich einem anderem als dem eigenen Geschlecht zuordnen.

Die Bezeichnungen "Transmann" oder "Transfrau" sind abhängig davon, ob sich ein Mann in eine Frau oder eine Frau in einen Mann umwandeln möchte. Transsexuelle identifizieren sich meist eindeutig männlich oder weiblich.

Sie fühlen sich ihrem eigenen Körper nicht zugehörig, sondern streben nach dem Wunsch, dem ihnen entgegengesetzten Geschlecht zugehörig zu sein.“

Transsexuelle leben im falschen Körper. Darunter leiden sie physisch und psychisch. Sie haben den Wunsch, das andere Geschlecht zu leben. Einige ringen sich durch, die Geschlechtsumwandlung zu realisieren.

„Dabei ist es für viele Transsexuelle wichtig, ihr Geschlecht durch operative Eingriffe oder Hormonbehandlungen anzugleichen. Andere lehnen diese medizinischen Veränderung jedoch auch ab.

Auch die Begrifflichkeiten sind innerhalb der Community nicht vollständig geklärt. Manche beziehen sich eher auf den Überbegriff der Transgender, während sich andere mit dem Begriff der Transsexualität wohlfühlen.

Das Tragen von Frauenkleidern bei Männern bzw. oder andersherum nennt man Transvestitismus. Dies wurde früher oft belächelt und eher als kurzer Ausflug in eine andere Welt herabgestuft. Trotzdem wird die Community der Transvestiten immer präsenter."

In der Regel ist damit eine sexuelle Erregung verbunden bzw. wird dadurch ausgelöst. Natürlich sind Transvestiten nicht deshalb gleich schwul oder lesbisch. Im Gegensatz zu Transsexuellen wollen Transvestiten ihr körperliches Geschlecht nicht ändern. Transvestiten wollen nicht dauerhaft im entgegengesetzten Geschlecht leben, sondern fühlen sich beiden biologischen Geschlechtern verbunden.

Vorspiel

Eingeleitet wird das Vorspiel durch den Körperkontakt vor dem eigentlichen Geschlechtsverkehr. Das Vorspiel steigert die sexuelle Erregung beider Partner und beinhaltet ein Erkunden der erogenen Zonen des Partners.

Fellatio (Saugen) und Cunnilingus (Lecken) gehören zu den beliebten Vorspielvarianten.

Zu einer erweiterten Steigerung des Vorspiels zählen die Dehnungsspiele.

Arztspiele (Rollenspiele) können die Voraussetzung für die Dehnung schaffen.

Mit Hilfe von bestimmten Geräten (z. B. Vaginalklammern) wird der Anus oder die Vagina stimuliert.

Ganz leichte elektrische Stimulierungen an den Brustwarzen und dem Kitzler tragen zu einem weiteren intensiven Lustgewinn bei. Hier ist natürlich zu beachten, dass es nicht in „starke Stromschläge“ ausarbeitet. Es gehört sich, auf die Reaktion des Partners zu achten. Der Partner muss absolut kreislaufmäßig stabil sein.

Fisten

Die Menschen, die es etwas heftiger mögen, können sich mit dem Fisten beschäftigen.

Bei dieser Sexpraktik (Faustfick), werden mehrere Finger oder die Hand in den Anus eingeführt. Dies ist jedoch oft erst nach jahrelangem Dehnen und Ausprobieren möglich.

Mit einem oder mehreren Fingern am und im Hinterausgang des Partners herum zu spielen kann sehr aufregend sein.

Hier ist Vertrauen und Vorsicht besonders wichtig. Es gehört jede Menge besonders fetthaltiges Gleitmittel dazu.

Durch das fetthaltige Gleitmittel beugt man Verleltzungen vor. Die Wirkung eines Kondoms wird allerdings dadurch beeinträchtigt.

Aus hygienischer Sicht sollten Gummihandschuhe verwendet werden.

Analverkehr ist nach dem Fisten sehr kritisch, da die Analschleimhaut mit Sicherheit kleinste Verletzungen aufweist.

Bei der Praktizierung sollte man bedenken, dass die Muskulatur im Laufe der Jahre erschlafft.

One Night Stand

Hierbei handelt es sich um ein spontanes, einmaliges, unverbindliches Abenteuer für eine Nacht. Am nächsten Morgen geht jeder wieder seiner Wege.

Es geht hier lediglich um die Stillung sexueller Bedürfnisse. Der One Night Stand kann sehr heftig und leidenschaftlich ausfallen. An eine feste Beziehung wird nicht gedacht, kann aber durchaus zustande kommen.

Quicki

Ein Quicki ist ein heftiger stark verkürzter Geschlechtsakt mit wenig oder keinem Vorspiel und sonstige Anlaufphasen, meist noch in einem halbbekleidetem Zustand.

Wörter der Lust

Komm, lass uns ins Bett gehen und uns lieben wirkt bei weitem weniger erotisierend und antörnend wie „komm, lass uns ficken“ oder auch: „Fick mir die Seele aus dem Leib“ usw..

Oder „lass uns vögeln, bumsen, denn ich bin geil, gierig, fickrig, lüstern nach dir. Ich möchte dir dann den Schwanz, Riemen, Pimmel, Lustlümmel, Ständer, Stab u.a. wichsen, lutschen oder lecken. Ich will an deinen Nippeln saugen und deine Titten massieren, die Lustperle, Möse, Muschi oder das Fötzchen verwöhnen.“

Das ist eine direkte und ausschließliche Darstellung der Lust und Wünsche. Die Direktheit der etwas vulgären Ausdrucksart ist für viele erschreckend. Hat man sich einmal darauf eingelassen, kann sie durchaus erotisierend wirken, Als Frau kann man sich dann verrucht oder auch als Hure fühlen.

Diese Ausdrucksweise ist nur situationsbedingt zu verstehen. Im täglichen Umgang miteinander nicht vorstellbar.

Sinnlichkeit

Sämtliche Sinne von uns werden bei der sexuellen Stimulierung und Erregung angesprochen wie sehen, tasten, fühlen, riechen, schmecken, hören.

Besonders intensiv kann man die Wahrnehmung trainieren durch ertasten, riechen, schmecken, hören, berühren, fühlen, mit den Händen, den Lippen, der Zunge, des Körpers, indem man sich Augen verbindet.

Bei Sexspielen nimmt die Beleuchtung einen besonderen Raum ein in der erotischen und sinnlichen Wahrnehmung.

Ehebruch

Selbst noch in unserer Zeit ist Ehebruch eine nicht tolerierte Handlung. Ein Partner schert aus der sexuellen Gemeinschaft aus, sei es aus Frustration, Ausleben sexueller Fantasien, Abwechslung usw.

Häufig ein Trennungsgrund für eine eheliche Gemeinschaft.

Ehebruch oder Untreue werden in unserer Zeit immer noch verdammt. Nicht berücksichtigend, dass dies mit Liebe überhaupt nichts gemein hat.

Natürlich wird eine Ehe normalerweise geschlossen, weil man sich in den Partner verliebt hat. Man denkt, sich mit ihm zu verstehen. Wenn der „monochromatische" Zustand beendet ist, zeigt sich das Alltagsgesicht. Man beginnt dann, sich mit einer unter Umständen geänderte Beziehung, zu akzeptieren. In einigen Fällen ist das dem Partner nicht möglich.

Durch das miteinander Reden kann man – sofern man noch will - aufeinander zugehen. Die geänderte Situation wird betrachtet und gemeinsam überlegt, ob ein Zusamenleben noch erwünscht und möglich ist. Es hatte ja mal funktioniert.

Sex-Todsünden

Unter allen Umständen sind diese Situationen zu vermeiden:

1. Ekliger Mund- und Körpergeruch
2. Oberflächlicher Orgasmus
3. Aufforderung an sie „nun komm endlich“
4. Frage an ihn „bist du schon drin?“
5. Zu ernsthaft nehmen
6. Sich nicht fallen lassen können
7. Wenn die Kinder ins Zimmer kommen
8. Die Meinung haben, man müsse nur den Partner zufrieden stellen
9. Fehlende Zeit
10. Falscher Augenblick

Erotikfachgeschäft

Insgeheim möchte fast jeder mal in ein Erotikfachgeschäft gehen. Wenige haben jedoch nur den Mut dazu.

Besonders Frauen trauen es sich nicht allein. Man könnte „komisch“ oder „dumm“ angeschaut werden. Zu zweit zu gehen ist natürlich sehr viel spannender und interessanter. Dort kann man die „Spielsachen“ genau inspizieren und die Fantasie kreisen lassen. Das Angebot kann erotisch und animierend auf den Besucher wirken.

Erotikartikel

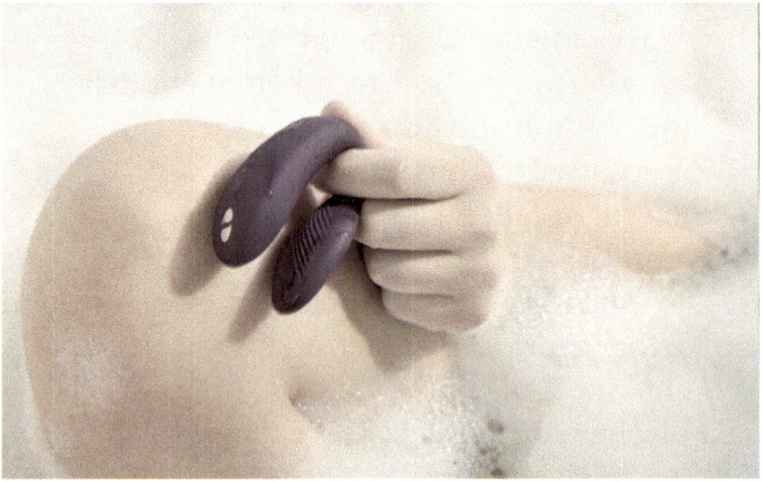

Lovetoys nennt man in der heutigen Zeit auch die Erotikartikel oder auch nur Toys.

Für die Stimulation der Frau werden Liebeskugeln für den vaginalen Bereich und Massageglocken für die Brüste angeboten.

Männer, deren Glied nicht mehr erigieren kann, können mit dem Potenztrainer, das ist eine röhrenförmige Saugglocke, ihren Penis trainieren.

Mit dem damit erzeugten Vakuum wird das Glied besser durchblutet und streckt sich wieder.

Dildos und Vibratoren erweitern das Angebot. Plugs und Analketten dienen dem Lustgewinn des Analbereichs. Mit Perlenketten kann man das Glied des Mannes verwöhnen.

Um sich spontan und preisreduziert mit einem Erotikartikel zu beschäftigen, können wir darauf zurückgreifen, was die Küche zu bieten hat.

- Gurken
- Möhren
- Pfannenwender
- Backpinsel
- Gabeln
- Kochlöffel u.v.m

Man kann sich mit der eigenen Herstellung von Lustgegenständen beschäftigen. Der Fantasie sind hier keine Grenzen gesetzt.

Besonders stimulierend wirkt die Einrichtung eines Erotikzimmers. Im SM-Bereich ist dies gang und gebe. Für die sogenannten Sessions wird ein Raum eingerichtet, der mit den diversen „Folterinstrumentarien“ liebevoll bestückt wird.

Stimulantien

Um sich zu stimulieren, kommen natürlich auch Erotikfilme in Betracht.

Doch nicht nur Filme können stimulierend wirken, sondern auch das Lesen oder Vorlesen von erotischen Texten.

Die Erkundung des eigenen Körpers und vom Partner mit den Händen ist sehr stimulierend. Eine weitere zusätzliche Stimmulations-Steigerung erfahren wir, wenn wir zusätzlich noch Hilfmittel dazu nehmen wie z.B. Eiwürfel. Eine Intensivierung erfährt man durch eine Augenbinde.

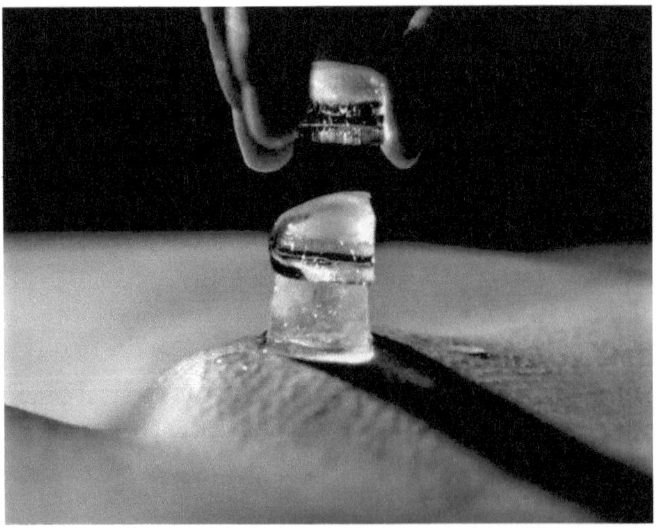

Aprodisiaka

Rezeptpflichtiges Potenzmittel: Viagra von Firma Pfizer gegen erektile Dysfunktion.

Rezeptfreie Potenzmittel sind eine gute Alternative. Dazu zählen:

Yohimbin ist ein natürliches Viagra, eines der ältesten und wirkungsvollste Potenzmittel, aus Afrika stammend, überhaupt.

Maca, eine Pflanze aus den Anden stammend, vermehrt die Produktion von Sperma.

Gelee Royale zur Steigerung der Potenz und Leistungsfähigkeit.

Ginkgo sorgt für eine bessere Durchblutung, als Langzeitmittel einzusetzen.

Colostrum (ohne Casein) wirkt potenzfördernd und leistungssteigernd.

DESEO ist ein von mir in der Praxis hin und wieder verordnete zugelassenes homöopathisches Arzneimittel. Ich setzte es zur Behandlung von sexueller Schwäche bei Männern und Frauen, wie z.B. Erektionsstörungen, sexuelle Erschöpfung und sexuelle Unlust, ein. Es hat keine bekannte Nebenwirkungen und steigert nebenbei noch die Lebensfreude und Leistungsfähigkeit.

Fazit

Ich habe versucht, dem geschätzen Leser möglichst umfangreiche Infomationen und Kenntnisse über Liebe, Erotik und Sexualität zu vermitteln. Eventuell habe ich mehr Fragen aufgeworfen als beantwortet.

Der Teil über die Sexualität soll nur einen groben Überblick über die interessanten und am häufigsten praktizierten Erotikspiele geben.

Manches ist Ihnen vielleicht fremd, manches wirkt erotisierend, manches macht neugierig und manches wirkt abstoßend. Einiges wurde auch nicht erwähnt, um nicht den Rahmen dieses Buches zu sprengen.

Mir war wichtig, eine klare Linie zwischen Geist-Liebe, Seele-Erotik und Körper-Sexualität zu ziehen. Jede dieser Eigenschaften steht für sich und kann getrennt gelebt werden. Wenn es uns gelingt, eine Einigkeit herbeizuführen sind wir authentisch und können uns wahrhaft glücklich schätzen.

In den Literaturhinweisen habe ich weiterführende Bücher und Internetseiten aufgeführt.

Das gegenseitige Einverständnis und Vertrauen ist Voraussetzung für jede Art des Zusammenseins und Intimität. Es liegt immer, wirklich immer mit am Partner, für was Sie sich entscheiden.

Jetzt wünsche ich Ihnen viel Freude und Spaß beim Probieren und Studieren.

Gern stehe ich Ihnen für ein Gespräch auch persönlich zur Verfügung.

Karla Moser, Heilpraktikerin
Schorndorf 05.04.2021

Vita

Als gelernte Diplom-Sekretärin machte ich von 1977 – 1979 eine Ausbildung als Heilpraktikerin und eröffnete meine eigenen Praxis 1979.

Seit dieser Zeit bin ich in Schorndorf erfolgreich selbstständig tätig.

1986 führte ich eine Studie mit dem Fraunhofer Institut durch, die die Wirkung der Blutegeltherapie auf die Fließeigenschaften des Blutes untersuchte.

Die Blutegeltherapie ist ein Schwerpunkt in meinem Behandlungsrepertoire. Seit Durchführung dieser Therapie bin ich eine Verfechterin und Vorreiterin dieser alten, erfolgreichen und traditionsreichen Behandlungsmethode.

Im Laufe der Jahre haben sich durch meine Tätigkeit als Heilpraktikerin verschiedene Behandlungsverfahren herausgebildet. Dazu zählen unter anderem die Chirotherapie, Schröpfkopftherapie, Behandlung mit Phototherapiepflastern, Ernährungs-, Gesprächstherapie, Lebensberatung sowie die Durchführung von Darmsanierungen. Meinem besonderen Interesse gilt der Präventivmedizin.

Die „morphogenetische Therapie“ wurde von mir auf der Grundlage des Familienstellens nach Hellinger entwickelt. Dabei hat diese mit den ursprünglichen Familienaufstellungen nicht mehr viel gemeinsam.

Der Mensch steht in seiner Gesamtheit im Mittelpunkt meiner Aufmerksamkeit.

Aus diesem Grund ist eine Lebenshilfe und Lebensberatung eine selbstverständliche Begleitung sämtlicher Therapien.

Es ist egal in welchem Bereich die Hilfe notwendig ist. Mein Behandlungsansatz ist ganzheitlich und umfasst neben dem Körper auch seelische und geistige Einflüsse.

Die Vereinigung von Körper, Seele und Geist ist die Basis für eine harmonisches und glückliches Leben und Partnerschaft.

Darauf beruhend bezieht sich dieses Buch zusammenfassend auch auf Liebe-Erotik-Sexualität.

Literaturhinweise

Häberle, E. J: Die Sexualität des Menschen
Handbuch und Atlas – Das Standardwerk
Walter de Gruyter & Co, Berlin
ISBN 3-033203-22-8

Matthias T. J. Grimme: Das Bondage-Handbuch. Anleitung zum einvernehmlichen Fesseln. 9. Auflage. Charon-Verlag, Hamburg 2012, ISBN 978-3-931406-71-4

Matthias T. J. Grimme: Japan-Bondage – Bondage-Handbuch Spezial. Charon-Verlag, Hamburg 2011, ISBN 978-3-931406-70-7

Mallanaga Vatsyayana. Das Kamasutra, Taschenbuch, dtv ISBN 3423200103

Kim Powers: Fisting. Vorsicht, Verantwortung und Vertrauen. Carl Stephenson Verlag, Flensburg 2004, ISBN 3-7986-0133-X

https://www.netdoktor.de/krankheiten/syphilis/

https://flexikon.doccheck.com/de/Essigsäuretest,

https://de.wikipedia.org/wiki/Fisting#Analer_Faustverkehr

https://de.wikipedia.org/wiki/Partnertausch

https://wirtschaftslexikon.gabler.de/definition/prostitution-100063
www.springer-gabler.de
springerfachmedien-wiesbaden@springer.com

https://praxistipps.focus.de/transvestit-transsexuell-und-transgender-unterschied-erklaert_114977

https://www.kritikatur.de/Werke/Besondere_Liste/50_Klassiker_-_Erotische_Literatur

http://www.klassiker-der-weltliteratur.de/erotische_literatur.htm

https://www.glamour.de/liebe/artikel/kamasutra-stellungen

Gedicht „Kontakt“ von Rudolf Rolfs,
Seite 20

Gedicht “Kleiner Rat“ von Unbekannt,
Seite 25

Gedicht „Rache“ von Rudolf Rolfs,
Seite 37

Gedicht „Badetuch“ Carolin Stieber,
Seite 98

Gedicht „Der Kuss“ von Freyja GvA
Seite 70

Gedicht „Russisch“ von Andreas Seger,
Seite 80

Gedicht „Solo“ von Rudolf Rolfs,
Seite 94

VON
ASENHAIN

Anhang – Bildnachweise

Fotos on unsplash.jpg.jpg
Seite 03 by azrul-aziz-DsvY9NRykRg.jpg
Seite 08 by khamkeo-vilaysing-OcxlTBbb6SY
Seite 16 by kelly-sikkema-JPJ1xrfhLCo.jpg
Seite 23 by mark-decile-F--ITqSbh5s.jpg
Seite 33 by alexander-krivitskiy-qcqousI-byMPw.jpg
Seite 43 by alexas_fotos-PJGu6AuiAwA.jpg
Seite 45 by we-vibe-wow-tech-4S4hB8iFFoY.jpg
Seite 47 by dainis-graveris-OFFMAQ6DS0Y.jpg
Seite 57 by pablo-heimplatz-252c3DVk6gk.jpg
Seite 69 by ilona-frey-0ycbj0hNWnU.jpg
Seite 71 by allef-vinicius-7q_rxEHFgzI.jpg
Seite 75 by daan-stevens-rzHlPuXmdPA.jpg
Seite 86 by naveen-kumar-7sBeKoJbn6I.jpg
Seite 90 by steven-ritzer-kb74nNqmUNw.jpg
Seite 92 by renate-vanaga-QYLfleWIIe4.jpg
Seite 94 by dainis-graveris-JwpNVzqCphQ.jpg
Seite 110 by harry-dona-5WX0GWybUgk.jpg
Seite 117 by artem-labunsky-HB0F2x8ZLHk-.jpg
Seite 122 by dainis-graveris-IE-neXode_Y.jpg
Seite 126 by dainis-graveris-58Lg6Y-sqc4.jpg
Seite 127 by toa-heftiba-2ey7dmVEQv4.jpg
Seite 131 by kate-kozyrka-4PX9de3qVRM.jpg
Seite 136 by we-vibe-wow-tech-HSMgtrRoVIY.jpg
Seite 140 by alexander-krivitskiy-Wi80DmE9ybE.jpg
Seite 146 by jeremy-bishop-JpUJqo8Le0s.jpg
Seite 149 by azrul-aziz-DsvY9NRykRg.jpg
Seite 152 by mayur-gala-2PODhmrvLik.jpg

Fotos on http://www.CoolPhotos.de
Michael Carsten
http://www.CoolPhotos.de
mit freundlicher Genehmigung
Cover: by 1011_04040_sexy_rose.jpg
Seite 12 by 0815_06599_paar_kuessen_freude.jpg
Seite 25 by 0410_04598_sexy_paar_pelz.jpg
Seite 31 by 101211_02053_erotik_paar.jpg
Seite 36 by 0203_01446_aktfoto_zwei_frauen.jpg
Seite 38 by 0531_02652_sexy_paar_ruecken.jpg
Seite 40 by 0426_08177_sexy_paar.jpg
Seite 52 by 0426_07668_sexy_paar_dessous.jpg
Seite 55 by 0516_00767_sexy_paar_frauen.jpg
Seite 80 by 0129_08152_sexy_paar.jpg
Seite 105 by 0426_07797_sexy_paar_rose_anzug.jpg
Seite 116 by 0426_07558_sexy_mann_frau.jpg
Seite 133 by 0302_02987_sexy_rote_rose.jpg
Seite 138 by 0625_09212_sexy_eiswuerfel.jpg
Seite 142 by 1029_04396_sexy_oberkoerper_.jpg

ΩΩΩΩΩΩΩΩΩΩΩΩΩΩΩΩΩΩΩΩ

Fotos on AnamCaraHaus
von Asenhain Verlag
Seite 143 by Karla Moser.jpg
Seite 155 by So hilft Ihnen ...jpg
Seite 156 by Blutegeltherapie bei Pferden.jpg
Seite 157 by Der Körper leidet ...jpg
Seite 158 by Immer & Überall.jpg
Seite 159 by Gedichte FGvA.jpg

VON
ASENHAIN

Veröffentlichungen

AnamCaraHaus von Asenhain Verlag, Schorndorf

So hilft Ihnen die Blutegel-Therapie
Dr. med. Claudia Moser & Karla Moser

Hardcover ISBN: 978-3-946414-00-1
Paperback ISBN: 978-3-00-047791-1
eBook ISBN: 978-3-946414-01-8
„So hilft ihnen die Blutegeltherapie“ von Dr. med. Claudia Moser und Karla Moser
Ein Patientenratgeber.

Beide Autorinnen sind international mit der Blutegeltherapie bekannt und besitzen eine über 40jährige Praxiserfahrung. Die Begeisterung für diese Therapie ist bei beiden ungebremst. Die Blutegeltherapie ist für sie ein wichtiger Bestandteil ihres Praxisalltags und unverzichtbar. Selbst in der aktuellen Medizin besitzt sie einen einzigartigen Stellenwert.

In der neuen und erweiterten Auflage beschreiben die Au-Autorinnen eindrucksvoll ihre Erfolge mit dieser altbewährten Heilweise.

Blutegel-Therapie bei Pferden

Sabine Krämer

Hardcover ISBN 978-3-946414-20-9
Paperback ISBN 978-3-946414-21-6
eBook ISBN 978-3-946414-22-3

Mein Interesse an Tieren begann schon in den Kinderschuhen. Tiere waren für mich immer die wahren Freunde. Nun habe ich seit über 30 Jahren eigene Pferde und möchte sie nicht missen. Da mich auch hier der Ehrgeiz packte, lernte ich das Turnierreiten kennen. Ich selbst bin bis in die Klasse M-Dressur geritten, wobei meine Pferde zu Hause bis in den Level der S-Dressur trainiert wurden.
Durch „Djeanne D'Arc" habe ich dann umgesattelt. Sie wurde leider von einem Berufsreiter so „sauer" geritten, dass sie fast unreitbar war.
Sie lehrte mich dann was alles dazugehören kann. Und ich sitze hier und schreibe mein erstes Buch zur Blutegeltherapie bei Pferden.

Große Unterstützung hierzu bekomme ich durch Karla Moser, meiner Ausbilderin zur Blutegeltherapeutin nach IGBT e.V.

Der Körper leidet wenn die Seele weint

Karla Moser

Hardcover ISBN 978-3-946414-03-2
Paperback ISBN 978-3-946414-02-5
eBook ISBN 978-3-946414-04-9

Im Laufe ihrer 40jährigen Tätigkeit als Heilpraktikerin hat die Autorin einen engen Zusammenhang zwischen individuellen Verhaltensmustern und körperlichen Symptomen erkannt.
In den meisten Fällen ist ein Zusammenhang zwischen körperlichen Beschwerden und seelisch-geistigen Problemen nicht sofort erkennbar. Wieso sollte man hier Probleme sehen? Haben wir doch in der Regel Verhaltensweisen von den Altvorderen übernommen („Vererbung von Krankheiten").
Krankheiten sind immer eine Reflexion der Seele. Mit einer veränderten Lebenseinstellung und Lösen von Problemen können wir gesunden und ein glückliches Leben führen. Dann können wir krankheitsbedingte Einschränkungen besser akzeptieren und – wenn eine Gesundung nicht mehr möglich ist – gut bzw. besser damit leben.

Immer und überall

Gerhard Dill

Hardcover ISBN 978-3-946414-26-1
Paperback ISBN 978-3-946414-27-8
eBook ISBN 978-3-946414-28-5

So ist mein Büchlein betitelt.
Dieser Titel ist Programm, ein Fingerzeig auf eine gezielte Vielseitigkeit der Gedichteinhalte.
Da darf die Leserin, da darf der Leser einiges erwarten.
Natürlich Liebesgedichte, aber auch gereimte Märchen, weiter gespannte Verserzählungen, pointierte Vierzeiler, Lebensein sichten, aber auch Lebenstiefstände, Lebensszenen Jung und Alt. Vieles dabei hat autobiographischen Hintergrund. Dazu dient es der Sache, einen Blick auf den Autor zu werfen.

Wir lernen ihn kennen als vielseitige Persönlichkeit: ein Sports- und Sangesfreund, jugendbewegt, stark familienorientiert, bei seinen Kollegen als Philologe (durchaus Alt- und Neu-) als sprachenbewusst und humorgesteuert anerkannt.

Dichten ist für ihn ein spannendes Erlebnis.
Bleibt zu hoffen, dass diese Bekenntnisse den Leserinnen und Lesern helfen können bei Verständnis und Sensibilisierung der Gedichte, bei der Freude an ihnen.

Freyja Gräfin von Asenhain
Meine Gedichte - Erster Band
Hardcover ISBN 978-3-946414-11-7
Paperback ISBN 978-3-946414-12-4
E-Book ISBN 978-3-946414-13-1

Meine Gedichte - Zweiter Band
Hardcover ISBN 978-3-946414-08-7
Paperback ISBN 978-3-946414-09-4
E-Book ISBN 978-3-946414-10-0

Meine Gedichte - Dritter Band
Hardcover ISBN 978-3-946414-14-8
Paperback ISBN 978-3-946414-15-5
E-Book ISBN 978-3-946414-16-2

Meine Gedichte - Vierter Band
Hardcover ISBN 978-3-946414-17-9
Paperback ISBN 978-3-946414-18-6
E-Book ISBN 978-3-946414-19-3

Freyja Gräfin von Asenhain ist seit 1979 in eigener Naturheilpraxis in Schorndorf selbständig tätig. Sie hat ihr Leben der Kunst gewidmet. Allem voran steht jedoch die Lebenskunst. Aus diesem Fundus schöpfte sie die Inhalte ihrer Gedichte, die sie in mehreren Bänden gestaltete und zusammenfasste.